历代开国重臣系列

范文程

一策可抵百万兵

王景泽 陈丽丽 著

辽宁人民出版社

图书在版编目（CIP）数据

一策可抵百万兵：范文程 / 王景泽，陈丽丽著. 沈阳：辽宁人民出版社，2025. 3. --（历代开国重臣系列 / 赵毅主编）. -- ISBN 978-7-205-11340-7

Ⅰ. K827=441

中国国家版本馆 CIP 数据核字第 2024F131N2 号

出版发行：辽宁人民出版社
地址：沈阳市和平区十一纬路 25 号　邮编：110003
电话：024-23284191（发行部）　024-23284304（办公室）
http：//www.lnpph.com.cn

印　　刷：嘉业印刷（天津）有限公司

幅面尺寸：165mm × 235mm

印　　张：16.25

字　　数：168 千字

出版时间：2025 年 3 月第 1 版

印刷时间：2025 年 3 月第 1 次印刷

责任编辑：赵维宁　姚　远

封面设计：乐　翁

版式设计：一诺设计

责任校对：冯　莹

书　　号：ISBN 978-7-205-11340-7

定　　价：58.00 元

“历代开国重臣系列”序

展示在读者面前的这套“历代开国重臣系列”，共收录了中国帝制时代由秦至清辅佐开国皇帝创立基业的重臣李斯、萧何、张良、王导、高颎、魏徵、赵普、耶律楚材、李善长、刘基、多尔衮、范文程12人的传记，除东晋王导外，其余11位传主均为统一型王朝之开国重臣。共计10册，由10余位史学工作者分别撰写完成。

自秦灭六国，一统天下，至清军入关，定鼎中原，2000余年的帝制时代，王朝更迭反复无常，国运盛衰纷纭不定，形形色色的人物轮番登上历史舞台，演出了一幕幕人间悲喜剧。

时代造就了这些历史人物，历史就在这幕起幕落中悄然前行。没人怀疑人民是创造历史的动力这一至理名言，中华民族勤劳、勇敢、睿智绝非虚语，杰出人物只有在顺应历史潮流和民众意愿的前提下，才能在时代变革中运筹于帷幄之中，决胜于千里之外。

但是，历史不可能将每个人的活动都详尽地加以记载，翻检正史、政书、实录，唯帝王将相、英雄豪杰之履历和业绩而已。因此，当今天的人们追溯历史、探究历史，只能披阅典籍，循着那些杰出人物的足迹去把握历史发展的脉动。

不仅如此，杰出人物的活动并非只是历史潮流、人民意愿的被动反映。他们是历史的灵魂、人民的代言，当关键时刻来临，他们敢于挺身而出，拔剑而起，建立不朽的功勋和皇皇伟业。

倘若没有这些杰出人物，历史将黯然失色，民众将无所适从。从这层意义来说，书写、研究杰出人物的活动虽然是我们认识历史的被动选择，但也是必然选择。

本套书所收录的12位开国重臣，是这类人物中的典型。他们或来自旧王朝的世家豪族，或出身旧王朝的基层属吏，或属于旧王朝的达官显宦，或是旧王朝失意的知识分子。他们所面临的形势正值新旧王朝交替。当是之时，沧海横流，匹夫兴志，群龙无首，兆庶失归，社会需要新的理念，群黎需要新的代言。

这些人物起于山泽草莽、陇亩幽隐之间，得逢明主，风云际会，展布平生大志。有人挟聪睿之资，经天纬地，一言兴邦；有人荷新主眷顾，克己尽忠，死而后已；有人以持重著称，审时度势，力挽狂澜；有人以刚正名世，规谏君主，勇揭逆鳞，以诤臣流芳后世；有人以博通经史为本，申明典章，恢宏治道；有人以勇略见长，深谋远虑，克敌制胜。

他们佐开国之君于基业草创，拯倒悬之民于水火，成就大业，建立奇勋，垂名当世，贻范后昆。从这一视角观察，他们是成功人物，是时代骄子。但是，从另一视角观察分析，他们中的许多人又是失败人物，难以逃脱悲剧结局。他们所生活的时代，正值专制皇权日渐强化，尊君卑臣日益泛滥。

当大业未就的创业阶段，历史与社会的局限使他们不可能完全按照理想模式重建公平与正义，如此局面之中，委曲求全，已是不可避免；当新朝既立，新皇位加九五之后，这些人虽身处国家权力核心，但地位往往微妙，甚至尴尬。功高震主，兔死狗烹者不乏其人；在权位角逐中，为佞臣诬诋，落职除爵，被赶回“高老庄”者大有人在；而因亲故失检、子孙败德受到牵连，身败名裂者更为常见。像西汉开国重臣张良佐高帝创大业，功成名就，急流勇退，保持令名者并不多见。

本套书作者探微索幽，铺排史实，目的并非仅仅在于重现12位传主的一生主要经历和功过是非，还在于透过这些人的升降浮沉，展示由秦至清2000余年间中国历史发展演变的大体脉络和基本规律；不仅使读者了解上述杰出人物对社会发展带来的推进和影响，也要使读者了解社会现实和文化环境印在这些杰出人物思想与行为上的烙印，从而获得对中国帝制时代历史较为深刻而具体的认识。该书若能在全民普及历史教育的活动中发挥作用，则是作者和编辑最大的心愿。

本套书曾在多年前刊印行世。此次，由辽宁人民出版社再度修订出版。书中所叙述的内容，基本依据典籍所载史实并参酌部分民间传说。对问题的看法及对传主的评价，或基于作者个人的研究探索，或吸纳学界同行的成果，力求科学、实事求是，反映本领域的最新学术认知。

为了使传主形象生动、丰满，使文本富有可读性，在修订过程中，尽力搜求文献资料、披阅同行论著，对传主政治、经济、军事和文化方面的建树乃至生活细节都进行了尽可能详尽的研究。在语言文字方面，力求清新流畅、简洁明快，融学术性和通识性于一体，雅俗共赏是我们期待的社会效果。

本套书规模较大，成于众手，风格互异，在所难免。本套书编撰之初，有的作者已是名满学界的教授，有的还是史学新兵，功力不同，水平必有参差，亦可预料。在本套书修订再版之际，我们诚恳欢迎广大读者批评指正。

辽宁师范大学　赵毅

2023年5月12日

目　录

引言

一、家学渊源

人类历史自有文字记载以来，即呈现出斑斓纷繁、婀娜多姿的壮观场面。流芳百世的英雄、遗臭万年的枭雄，名垂青史的“圣哲”、默默无闻的“小人”，都汇入了波涛汹涌的历史长河中。复杂的社会，多变的人生，令人眼花缭乱。然而，当我们深夜秉烛，伏案披阅，细致观察历史画卷中之每一个有幸载于册籍的历史人物，窥视瓦叠珠联的每一个历史事件，历史循环往复、螺旋式上升的一幕一幕，便会引起我们无限的兴趣，甚至会令我们激动不已。

就中国历史而言，不仅纷繁复杂，而且宏阔精深。几千年不断的血脉，承袭相沿的文化传统，以儒家思想为代表、有深奥哲理的精神世界，为当今全球史学家、思想家所慨叹。相连的血脉，精神的传承，不仅仅在于血缘、地缘的因素，更在于中国古代发达的教育事业。国有太学，省有书院，府、州、县各有其学；民间有私塾，家庭有家教。尤其家庭教育，在当时发挥着不可替代的作用，扮演着特殊角色。在中国文化传统中，“家”的观念既深且重，“家风”体现出一个家庭、家族的素质、修养、品行、祖德，随之而影响其社会评价、仕途荣辱、地位兴衰。诸如《颜氏家训》之类家教范本之所以名列典籍，且层出不穷，其原因之一即在于此。与学派之师承相似，由家教所塑造、受家教之影响的家传之风——“家风”，一般来讲，亦能使祖先之品行于后世子孙中再现。当然，这仅是一种风格的相似，而非绝对的重演，这样的事例，在浩如烟海的中国古籍中不绝于书。如明末著名的辽东抗（后）金边臣袁崇焕，虽屈死于谗进，献首于间言，但仍被后世尊奉为“英烈”，为来者所称颂。有趣的是，其后人富明阿，忠心耿耿于清朝，在镇压太平天国运动中驰骋大江南北，生前赏穿黄马褂，死后获谥号“威勤”殊荣，两人不同时代，一抗清（后金），一事清，历史使然。富明阿两子，永山跃马辽东，甲午抗日，为国捐躯；寿山督师龙江，庚子拒俄，献身边陲。兄弟皆跻列保家卫国之民族英雄史册。袁崇焕及其后代可谓“名将世家”，虽各有功，但取之不同，亦时代使然。不过，从不同之中，我们毕竟看到了一个重要的相同点——家风。我们不是宿命论者，不会被“龙生龙，凤生凤，老鼠的儿子会打洞”之类民间俗语所囿。但同时我们还得承认，老百姓从社会生活中总结出来的东西，自有其一定的合乎逻辑之内涵，正可以为我们正确认识家教与家风之传承的关系，提供一些启发。

家风之趣话，不胜枚举，本传传主，可算是较突出者之一。

以“先天下之忧而忧，后天下之乐而乐”之名言与行迹而使后人钦颂不已的范仲淹，于北宋仁宗庆历三年（1043）出任参知政事，为挽救因西夏、辽入侵引发之“外患”与统治阶级腐朽没落造成“内忧”而处于统治危机的大宋王朝，力主改革。然仅一年，改革便告失败，范仲淹被罢免，“庆历新政”烟消云散。庆历六年（1046）九月十五日，范仲淹于忧国抑郁之时，应巴陵郡守滕子京之请，作《岳阳楼记》，从此，这一千古名篇与其作者被世代传颂，一代名臣范仲淹遂永垂青史而不朽。

此后大约600年，当中华大地枭雄四起之际，尚居于东北一隅的清王朝，纳范仲淹的后代、内秘书院大学士范文程之言，秣马厉兵，挺军山海关，入主中原，逐鹿中华大地，夺取了统治全中国的最高权力。一统天下的清朝定都燕京，范文程遂以“开国重臣”而跻身列传前茅。范氏一门，从某种意义上说，也可算作“名臣世家”了。

二、乘势而起

“时势造英雄”，任何一位杰出人物之成长，他们所创造的伟绩，皆脱离不了特殊的时代背景。正如炮火连天的岁月方出现骁勇无敌之战将一样，不平凡的年代产生了适应时代要求的谋士、文臣。北宋中期的内忧外患，才使得范仲淹大声呼吁国人，要“先天下之忧而忧，后天下之乐而乐”，否则，如在升平安定时代，人们会认为这是无病呻吟。同理，如果不是生活在明清交替的大变动时代，没有在东北地区之坎坷遭遇，谁会想到“元辅高风”之雅赞会落到范文程头上？

明朝中期以后的中国，群雄并起，纷繁至极，局势可谓扑朔迷离。大明、蒙古、女真，逐渐形成奇特的三足势力。对于大明一统江山，蒙古、女真皆跃跃欲试，意欲取而代之。大明虽腐朽，然“百足之虫，死而不僵”，在顽强地苟延残喘；蒙古族自被逐出中原，游牧民族之剽悍尚存，构成明王朝北疆强敌，险些置明于亡国之地；女真族星罗棋布般地散居于东北平原河滨，势力单弱，并无强盛之象。然而，历史却垂青于当时落后、弱小的女真，它征服蒙古，取代明朝，据九鼎，雄天下，原因何在?

从明来说，其失天下，在于“内忧外患”之交互并作，内有连绵不绝的各阶层人民反抗斗争，最终汇集成明末农民大起义；在外，先有“南倭北虏”，后有辽东之危，内外军事，内胀外压，腐朽没落的封建统治阶级除了改朝换代之外，已无路可走了。从蒙古来说，自元朝灭亡之后，虽有问鼎中原之机，却无恢复宏业之力，日益严重的分崩离析、内部征伐，使这个曾显耀铁骑之威于亚、欧两洲的民族在外强中干的状态下，丧失了历史的机遇，有愧于成吉思汗。这样，大明、蒙古都用自己的手，为女真——满洲民族之崛起提供了机会。

从女真到满洲，从后金到大清，从努尔哈赤到皇太极，再到多尔衮和福临，他们能得有天下，武则恃八旗兵之勇，文则靠汉族士大夫之谋。不可否认，努尔哈赤是女真的英雄，他成功地统一了东北女真之大部，又挺进辽东，定都沈阳，开女真崛起之始，开大清肇兴之先。但论实力发展，皇太极远胜其父。他吸取努尔哈赤晚年的教训，改善境内汉族人的处境，重视汉族知识分子，加大了后金及清政府内汉族官员的比重。于是，范文程、宁完我、马光远、石廷柱、张存仁、祖可法……一大批汉臣汉将，活跃在入关前大清舞台上，或领兵出征，或运筹帷幄，其朝气蓬勃之姿，远非明朝君臣所能比拟。福临的父辈们，就这样抓住了历史机遇，取得了征服蒙古、战胜大明、统一中华的先决条件。范文程等汉官集团，亦在这个大转折时代，不幸中又非常幸运地效力于充满希望的大清王朝，成为历史上显荣一时的人物。所以，时代需要范文程，时代亦造就了范文程这样的人物，这一点同历史上其他王朝开国之初必有重臣、谋士辅佐——如汉之萧何、唐之魏徵、明之刘基——是一样的。

三、文程简介

范文程（1597—1666），字宪斗，号辉岳（另作辉嶽）。他于努尔哈赤统兵破抚顺时被俘为奴，皇太极建元崇德时出任内秘书院大学士，直至后来病休。对于爱新觉罗家族事业兴旺，对于大清王朝奠定基业，其功卓著，不可没之。清人对范文程是极尽称颂的。然今人虽肯定者多，亦不乏微词存其间。笔者参据史学界同仁之研究成果，试与读者共同揭开一层层纱幕，看看范文程到底属于哪一类人物，究竟应该怎样评价他。

第一章 先贤之后

一、忧世名臣

说到范文程，如在专业之外，知道的人并不很多，但提起范文正公范仲淹（989—1052），虽不敢说妇孺皆晓，毕竟或多或少可深衔入巷，尤其是那篇屡载于中学课本的散文《岳阳楼记》，与其作者一道被世代传颂。范仲淹就是范文程的先祖。

如果说范文程生活于两个强大王朝的交替更迭时期，那么范仲淹则生活于一个经济、文化发达却经常处于“内忧外患”危机之中的不稳定时代。

公元 960 年，后周殿前都点检兼宋州归德军节度使赵匡胤在陈桥驿发动兵变，黄袍加身，建立起大宋王朝。然而，这个王朝并不强大，它虽然结束了五代十国的分裂局面，却未能实现全国的统一。东北有辽、西北有夏等地方少数民族政权，严重威胁着宋的安全。真宗、仁宗、英宗三个皇帝在位时期，宋王朝统治日益腐败，边疆随之日显不稳，危机日甚，令人担忧。范仲淹就是在这样的背景下登上了政治舞台。

公元 1015 年，范仲淹进士及第，从此踏入仕途。范仲淹一向胸怀大志，以天下为己任，心系国运。公元 1028 年，他还直笔上书，奋论国事：批评朝廷歌舞升平，积弊种种，不免危困，奸雄四起，民困则国乏。

范仲淹忧心天下之情怀，已跃然呈现。

宋仁宗庆历三年（1043），范仲淹在危机四伏的多事之秋，入政府参知政事。他奉仁宗之诏，条陈“十事”，经皇帝颁行全国，拉开了“庆历新政”的序幕。但由于改革触犯了贵族们的利益，不幸很快失败。次年，范仲淹便出外宣抚陕西、河东，庆历五年（1045）罢参知政事，后贬知邓州（今河南邓州）。身处逆境之中，千古名篇《岳阳楼记》在范仲淹笔下诞生了。

予观夫巴陵胜状，在洞庭一湖。衔远山，吞长江，浩浩汤汤，横无际涯。朝晖夕阴，气象万千。此则岳阳楼之大观也，前人之述备矣。然则北通巫峡，南极潇湘，迁客骚人，多会于此。览物之情，得无异乎？

若夫淫雨霏霏，连月不开，阴风怒号，浊浪排空，日星隐曜，山岳潜形，商旅不行，樯倾楫摧，薄暮冥冥，虎啸猿啼。登斯楼也，则有去国怀乡，忧谗畏讥，满目萧然，感极而悲者矣。

至若春和景明，波澜不惊，上下天光，一碧万顷，沙鸥翔集，锦鳞游泳，岸芷汀兰，郁郁青青。而或长烟一空，皓月千里，浮光跃金，静影沉璧；渔歌互答，此乐何极！登斯楼也，则有心旷神怡，宠辱偕忘，把酒临风，其喜洋洋者矣。

嗟夫！予尝求古仁人之心，或异二者之为，何哉？不以物喜，不以己悲。居庙堂之高则忧其民，处江湖之远则忧其君。是进亦忧，退亦忧。然则何时而乐耶？其必曰“先天下之忧而忧，后天下之乐而乐”乎！噫！微斯人，吾谁与归？

这篇散文不是普通的状物绘景之作，其所以感人肺腑，世代传诵，不仅在于语言简洁，形象生动，气势起伏，重要的还在于展示了作者“先天下之忧而忧，后天下之乐而乐”的宽阔胸怀与宏大抱负之倾吐。这段名言，与“天下兴亡，匹夫有责”一样，鞭策着一代又一代的有志之士为国分忧，为民请命；激励着一批又一批的仁人豪杰保国护疆，捐躯献身。它不仅教育着范氏子孙，也影响着我们民族的后代，称其为中华民族传统美德精华的一部分，恐非过扬之辞，当之无愧。

公元 1052 年，64 岁的范仲淹上《遗表》，“不于私泽”，壮志未酬，与世长辞。这位“前不愧于古人，后可师于来哲”的忧世名臣不会想到，近 600 年后，他的后代绩出其上，辅佐一个新兴王朝走向了成功。他更想不到，这个新兴王朝竟是曾让大宋王朝伤透了脑筋的金国的后裔。历史就是这样，貌似“玩笑”，却非常严肃、无情。

二、仕宦之家

范仲淹有四子，其中三人入仕。

长子范纯祐（1024—1063），10 岁即能读书作文。公元 1040 年随父赴陕西，参加防御西夏的战争。公元 1042 年遵父命与蕃将赵明秘密占领马铺，欲筑城以阻夏人，西夏 3 万骑兵来争，纯祐统兵且战且筑，数日而成，朝廷赐名“大顺城”。范仲淹罢政后，纯祐随父至邓州，卒于久病。子范正臣，任太常寺太祝。

第三子范纯礼（1031—1106），以父官子荫，为秘书省正字，后出官地方，继迁中央。宋哲宗元祐初年任吏部郎中，后迁给事中，对司马光尽废王安石新法表示反对。宋徽宗继位后，纯礼以龙图阁直学士知开封府，任中以去苛行宽之政见称。继任礼部尚书，擢尚书右丞，之后仕途逆转。先是因为王诜之诬，罢为端明殿学士，知颍昌府，提举崇福宫；继之又贬静江军节度副使。宋徽宗崇宁五年（1106）复左朝议大夫，提举鸿庆宫，是年卒于任。据史书称，其秉性“沉毅刚正”。

第四子范纯粹（1046—？），以荫迁官中央，因与同事有争，遂外迁，宋神宗元丰年间，任陕西转运判官。适时宋军出师五路伐西夏，统帅高遵裕与刘昌祚因未如期会合而不协，刘昌祚忧病，范纯粹力劝高遵裕往问疾，难遂解。宋神宗欲再兴兵，范纯粹疏言关陕之困状，宋神宗纳之，擢范纯粹为副使。宋哲宗即位后，命范纯粹以直龙图阁任京东转运使，范纯粹尽革前任苛政，又与苏轼同建募役之议。后代其兄范纯仁知庆州，与西夏议分疆界时，主张弃所取之深在夏境之夏地，并建议恢复诸路策应之法。西夏军攻泾原，范纯粹遣将救援，大破之，夏军乃退。后入朝为宝文阁待制、户部侍郎，随之几经沉浮，年70余岁而卒。

第二子范纯仁（1027—1101），范文程即其后代。史载纯仁“始生之夕，母李氏梦儿坠月中，承以衣裾，得之，遂生纯仁”。他天资聪慧，8岁便能讲所授之书。宋仁宗皇祐元年（1049）中进士，但为侍父母左右，拒不入仕。范仲淹去世后，纯仁始出任职，仍以弟礼侍奉长期患病的长兄纯祐，因此而失去升迁之机。纯祐故后，纯仁外任知县，继之入朝，迁御史。公元1063年，宋真宗子仁宗赵祯死，真宗弟商王赵元份之孙、濮王赵允让之子赵曙继位，即宋英宗。治平二年（1065），宋英宗诏议崇奉濮王典礼，司马光、王珪等人认为，“为人后者为之子，不得顾私亲”，当称皇伯；参知政事欧阳修以为自古无称生父为伯之理，中书奏应称皇考。次年，曹太后手诏，尊濮王为皇，三夫人为后，宋英宗称之为亲。宋英宗下诏接受称亲之礼，不受尊为皇、后之旨。范纯仁与御史吕诲、吕大防等人以称亲为非，争论不休，遂被外黜通判安州，后任职陕西。宋神宗继位后，召范纯仁问陕西城郭、甲兵、粮储状况，范纯仁答：

“城郭粗全，甲兵粗修，粮储粗备。”宋神宗惊愕道：“卿之才朕所倚信，何为皆言粗？”对曰：“粗者未精之辞，如是足矣。愿陛下不要贪图边功，若边臣观望，将为他日意外之患。”范纯仁对与边疆少数民族政权关系的态度，可从他致在关陕守边的四弟范纯粹之信中看出：“大辂与柴车争逐，明珠与瓦砾相触，君子与小人斗力，中国与外邦校胜负，非唯不可胜，兼亦不足胜；不唯不足胜，虽胜亦非也。”[①] 范纯仁认为应以宽以待人的态度处理与边疆少数民族政权间的关系。之后，范纯仁出任兵部员外郎兼起居舍人、同知谏院。适时，面对日趋严重的统治危机，宋神宗用王安石实行变法，由于改革触犯了统治阶级中一些既得利益者，遭到保守派官僚的激烈反对，其中包括司马光的好友范纯仁。他宣扬“王安石变祖宗法度，掊克财利”，极力攻击；对“均输法”，称其“将垄断各地货物，侵害商人的利益”，奏请罢之。当时变法正盛，范纯仁遂被贬官外任，命知河中府，后转成都路转运使，其任官之地，力抵新法，使之不行。宋哲宗即位后，范纯仁复入朝，但在后来的党争之中，得失相间，荣辱踵继，确实经历了不少政治磨难，虽死后得“忠宣”谥号，毕竟是抑郁而终。

范纯仁受儒家思想深刻影响，无锐意改革的创新精神，但一生恪守着“修身齐家治国平天下”的人生哲学。他曾坦述自己的思想并训诫子孙：“吾生平所学，得之忠恕二字，一生用不尽。以至立朝事君、接待僚友、亲睦宗族，未尝须臾离此也”；“人虽至愚，责人则明；虽有聪明，恕己则昏。苟能以责人之

---

①《宋史》卷314，列传第73。

心责己，恕己之心恕人，不患不至圣贤地位也”；“惟俭可以助廉，惟恕可以成德”。范纯仁一生追求忠恕之道，严于律己。

范纯仁子女中，范正平、范正思、范正国见载于史。据说，范正平“学行甚高，虽庸言必援《孝经》《论语》”，宋哲宗绍圣年间，任开封尉，因办案秉直，得罪蔡京。蔡京当国后，诬陷范正平“矫撰父遗表”，范正平被逮，将行之时，弟范正思欲以己代之，对兄说：“议行状时，兄方营窀穸之事，参预笔削者，正思也，兄何为哉？”范正平叹道：“蔡相国制狱其意在我，并且我是长兄，我若不去，诸兄弟皆将不免受株连，不如我一人承当。”在狱中，范正平受尽折磨，后来冤狱虽解，家属已死十数人。此后，范正平长期退闲至终。

范正国是范纯仁第五子，曾任枢密院料理官。靖康之变，金军侵入中原，宋室南迁，范正国护元祐太后孟氏（即隆祐太后）至江西，遂定居临川。后人范良傥，入仕南宋政府，为迪功郎，迁家于饶州之乐平。

从范仲淹诸子中我们可以看出，范氏家风对族中子孙影响颇大。在那个时代，除了皇亲国戚、少数特权贵族外，“学而优则仕”，知识分子基本上是靠饱读经书而得儒家信条，坎坷奋搏而获得政治经验，得以遨游宦海。范纯祐、范纯仁诸兄弟除此之外，就个人素质而言，可属当时出类拔萃之辈，但若无乃父品格影响，无良好家风、良好家教，他们能取得如此成绩恐机缘鲜至，得其功必事倍之。范仲淹曾评论儿子们对他的品格继承，谓：纯仁得其忠，纯礼得其静，纯粹得其略。史家遂由此感叹道：“知子孰与父哉！”我们不妨再加一句：

范纯仁辈受父惠巨哉!

三、大明臣子

当范仲淹诸子把家族仕风推到顶巅之后，中国历史经历了一场场巨大而又痛苦的变迁。

公元 1114 年，清朝创立者的祖先——女真，在完颜阿骨打的领导下，奋起反抗辽的统治压迫，公元1115年在东北建立“金”政权，公元1125年灭辽，然后兵分两路，南下攻宋。因开封未攻下，公元 1126 年金军再次南下，次年攻破宋都，俘徽、钦二帝，北宋灭亡。这就是在汉族历史上令封建士大夫引以为辱的“靖康之耻”。也就是在这一时期，范正国举家同千千万万中原汉人一样，随宋室南迁，定居江西。

南宋王朝是偏处南中国、非常虚弱而又特别腐败的小朝廷，经常遭到金军南侵与农民起义的双重打击。在宋、金久战疲惫，双双走向腐朽之时，北方蒙古政权兴起了。公元 1206 年，在斡难河边，诞生了一个蒙古族政权，曾使欧、亚两洲陷入恐慌的铁木真，号称成吉思汗，率领蒙古铁骑，迅速强大起来。公元 1227 年，蒙古军灭西夏，成吉思汗此时病死。公元 1230 年，继任的窝阔台汗统兵攻金，公元 1234 年金亡，南宋遂直接处在蒙古军的攻势之下。公元

1235年，蒙古军从四川、襄阳两个方向大举南侵，遭到宋军的顽强抵抗。之后，蒙古军控制了西南地区，对南宋形成了包围。公元1260年忽必烈即汗位，建都燕京（今北京市），公元1271年定国号“元”。公元1267年蒙古军复南下，公元1276年攻陷临安，中国基本上进入元朝统治时期。

元朝实现了中国重归大一统，但其民族统治、民族压迫的色彩过于鲜明。按元制，域内之人分为四等：第一等蒙古人，居于最高之位；第二等色目人，指来自天山南北及葱岭以西之人；第三等汉人，指黄河流域的汉人和女真人等；最下等是南人，指南宋灭亡才归附的长江流域及其以南以汉族为主体的各族人民。毫无疑问，范文程的先人们即以最下等之“南人”的社会地位，挣扎在这个以蒙古贵族为主体的政权统治之下。此时，范氏一族已失去范仲淹时代之宠荣，失去范纯仁兄弟时期之“光宗耀祖”，可以说，范氏家境在社会动荡、颠沛流离的时代变迁中，大大地衰落了，值得夸耀的仅剩下祖先之业绩，而非今人之成就。

元朝统治者的文化背景是来自北方辽阔草原的游牧民族文化，其与根植于传统的农耕社会基础之上的儒家文化之间，天然地存在一条巨大的鸿沟。蒙古贵族要实现统治中国的“长治久安”，首先必须逾越这条鸿沟，以儒家文化大规模地改变其原有的文化传统。然而，蒙古贵族们与后来建立大清王朝的满洲贵族明显不同，他们对农耕文化的排斥性很强烈，换句话说，他们过于守护着自己的文化传统，虽然这种文化传统在征服过程中也在发生着变化。这种恪守传统的根源，其一是蒙古贵族过快地从游牧草原闯入农耕地区，没有一个转变的适应时期；其二是蒙古势力发展迅速，征战欧亚，建立起横跨两洲的大政权，所以他们俯视一切，当然也包括当时先进于他们的农耕文明。于是，这个政权便始终处于阶级矛盾、统治阶级内部矛盾以及民族矛盾极为紧张的状态中。

公元1351年，汉民族大规模的反抗终于爆发，红巾军起义带动起大江南北的一系列暴动。在南方，徐寿辉、郭子兴、张士诚、方国珍诸路豪杰一时崛起，逐鹿争雄，南中国已非元所有。其中徐寿辉之军攻占了湖北、湖南、江西、安徽、浙江、四川等省的很多地方，范氏一族的家乡大概在此区域之内。

继元而起的是朱元璋建立的大明王朝。朱元璋本是郭子兴部卒，因作战勇敢而步步升迁。公元1355年郭子兴病死，朱元璋取而统其众，公元1364年自立为吴王，公元1368年基本统一了南部中国，并正式宣布建国，定国号“明”，建元“洪武”，定都南京。是年徐达统兵攻克元都大都（即燕京），元顺帝北逃，实际宣布了元朝在中原统治的结束，使得广大汉族人民从此摆脱了蒙古贵族的统治与压迫。但对范文程的祖先来说，还有另一层意义。

自北宋末、南宋初年，范良倘举家迁居江西乐平，虽然又经历了蒙古贵族征服、元末抗元斗争等连绵战乱，但未再他迁，从其居处来说，是比较稳定的。明初洪武年间（1368—1398），范文程的祖先范岳入仕，任云梦县县丞，不知因何案获罪，被谪遣辽东沈阳卫，从此范家离开了几代人居住的江西乐平老家，而沈阳卫之抚顺便成为他们新的“故乡”。汉民族是“安土重迁”的民族，范岳举家谪遣，舍下祖辈所遗之田产、庐舍，乃至祖宗之坟茔，老老少少，带着“名臣之后”的失落，带着对祖先的羞愧，带着社会舆论的讥讽与同情，承受着落难而导致的沉重心理压力，踏上北上的苦难旅途，越行越艰，越走越寒，过关时之悲怆，抵沈时之凄凉，可想而知了。

说到东北，在今天，人们自然会想到美鹿猛虎、人参灵芝、参天青松、皑皑白雪，但在那个时代，人们还会想到“夷”人之野蛮、寒野之荒凉，否则，怎么会成为发遣罪犯之所？

中国东北，这里曾经诞生过几个在历史上著名的少数民族政权，也曾对中原汉族政权造成威胁，甚至取而代之。范岳一家到达沈阳时，东北大部尚归明不久。

灭元之后，洪武三年（1370）朱元璋派兵两路进入东北。次年，元辽阳行省平章刘益归降，明廷于其地设立辽卫指挥使司。洪武八年（1375）改为辽东都指挥使司，下辖卫、所等建制，至明成祖永乐初年，完成了对东北的统一。当时东北除汉族（主要居住在辽东地区）外，女真族、蒙古族是主体民族。范家居住在沈阳，与边陲少数民族经常有接触的机会，对他们思想意识中儒家传统观念的改变会产生直接的影响，后来在范文程身上有所折射。

被称为范文程“始祖”的范岳四传为范鏓。范鏓字平甫，明武宗正德十二年（1517）中进士，授工部主事，后升迁员外郎。公元 1521 年明武宗死，明世宗即位，改元“嘉靖”。这时，朝廷内围绕皇统问题出现“大礼议”之争，嘉靖三年（1524）230多名官僚在左顺门跪哭请愿，其中包括范镳，明世宗下令廷杖，结果有19人死于非命。之后，范镳由户部郎中改长芦盐运司同知，迁河南知府。适值饥荒严重，各地纷请省府赈济，巡抚都御史潘埙以“候勘实乃发”，未及时救济，范镳则先赈后报，“全活十余万”[①]，百姓咸颂其德。消息传入朝中，明世宗责备户部、潘埙、巡按御史隐匿灾情，潘埙却诿罪于范镳，因此被弹劾罢职，范镳由此而显名。随后，范镳先后任两淮盐运使，四川参政，湖广按察使，浙江及河南左、右布政使，嘉靖二十年（1541）擢右副都御史，巡抚宁夏。宁夏是明代防御蒙古的重要边镇。范镳“为人持重，有方略”，莅任后，日以边事为重，练军旅，广储蓄，修关隘，治亭障，保证了边疆地区的安宁。他曾上疏政府：“边将各有常禄，无给田之制。自武定侯郭勋奏以军余开垦田园给将领，委奸军为庄头，害殊大。宜给还军民，任耕种便。”朝廷纳之，对遏制边将的贪婪不法，稳定边镇之军心、民心，具有一定的积极作用。

居边任官数年，范镳因病告归。复起，抚河南，后入朝为兵部右侍郎，继转左侍郎。兵部尚书王以旂出督三边，范镳署理部事。不久，奉诏总理边关阨隘，对经略潮河川、居庸关等处防务事宜，多有建议。范镳之才，获得明世宗的重视，兵部尚书赵廷瑞免职，即命镳代之，镳以老辞，“且言随事通变，乏将顺之宜”，世宗怒，认为这是不恭之举，削其籍。从此，范镳未再出仕。

---

①《明史》卷199，列传第87。

关于范锪去职之事，清人言："忤严相嵩去位"[①]；"以亢直忤严分宜去"[②]；"以亢直忤严嵩去"[③]。今人更认为："因与严嵩相忤，弃官而去"；"因与严嵩相恶，弃官而去"。[④]范锪罢官与严嵩有何关系？《明史》有记载：

帝才锪甚。会兵部尚书赵廷瑞罢，即命锪入代。锪以老辞，且言随事通变，乏将顺之宜。帝怒，责锪不恭，削其籍。时严嵩当国，而锪本由徐阶荐，天下推为长者，惜其去不以罪。[⑤]

这段话已清楚说明，明世宗任命范锪为兵部尚书，范锪以年老为由推辞，惹恼了明世宗。范锪"忤"的是明世宗，而非严嵩。但因范锪系徐阶所荐，而徐阶又是严嵩之政敌，那么在严嵩当国之时范锪惹得皇帝不高兴，于是便"去不以罪"，下野自然要"顺利"多了。

范锪有一子，名范沈，曾任沈阳卫指挥同知，他就是范文程的祖父。范沈子范楠，即范文程之父，未入仕。

自迁居沈阳卫200余年以来，范氏一族不仅人丁不旺，且家业不兴，除范锪曾入朝居显，有绩可循外，余皆默默于史，说其"家道败落"，并不为过。

①《碑传集》卷4，《大学士范文肃公文程传》。

②《碑传集》卷4，《内秘书院大学士范文肃公墓志铭》。

③《八旗通志》初集，卷172，名臣列传32。

④《清代人物传稿》上编第1卷，第95页；《盛京轶闻》，第41页。

⑤《明史》卷199，列传第87。

虽然读书人的传统还在范家保持着，似乎还存有一线攀登科举高峰、重振家业、再现祖宗辉煌的希望，无论范沈，还是范楠，可能都是怀着这种心情，跪在祖先的灵牌前祈祷有声，但他们万万没有想到，此时在沈阳城以东苏子河畔，有一支尚不强盛的部族，正以内部厮杀的形式即将拉开决定未来大明王朝，也决定着范氏一家命运与归宿的历史的帷幕。这一帷幕真的拉开时，不仅使范家子孙能公车赴京、接受大明天子殿试后荣归故里的期待烟消云散，还使他们陷入从大明臣子变为大明逆子的窘境。如果当初范家不是谪发东北而是遣戍东南，又会怎样呢？无情的历史，令人畏惧！

第二章

陷身建州

一、英雄东起

改变范楠、范文程一家命运的是大清王朝，清王朝的奠基创业者是努尔哈赤，一位女真英雄。

提起女真人，人们自然会想到金国，于是能引出诸如“靖康之耻”“岳飞抗金”“大战黄天荡”“坐井观天”等一系列故事。实际上，女真人的历史还要早此很多。

五代时即有女真之称，是由靺鞨改称而来。辽国兴起，灭东北渤海政权后，将女真“强宗大姓”数千户迁移到辽阳以南地区安置，这部分女真人由于长期和汉人杂居，学习了汉族先进的生产技术和文化，社会发展比较迅速，所以历史上称为“熟女真”。其他分散在松花江以北、宁江之东北的女真人，由于地处边远，社会经济和文化发展都比较落后，历史上称为“生女真”。据说，生女真“地方千余里，户口十余万”，共有 72 部，其中完颜部是重要部落，而其内又有 12 部。为反抗辽的残暴统治与掠夺，女真人在完颜部杰出英雄阿骨打的统率下，于公元 1114 年奋然起兵，连败辽军，公元 1115 年便建立了大金王朝，定都会宁府（今黑龙江省阿城区白城村）。公元 1125 年灭辽，公元 1127 年灭北宋，女真政权的发展速度快得惊人。公元 1153 年金迁都燕京，改称中都，女真人随之大量迁居淮河以北辽阔的中原地区，但留居东北的女真人数量也相当可观。

蒙古贵族兴起后，在灭金的前一年——公元1233年，征服了整个东北。元朝对东北实行了有效的管辖，公元1283年"以女真之地，置海西辽东道"。元世祖忽必烈为加强对东北地区的控制，更于至元二十四年（1287）设"辽阳行中书省"，辖治"路七、府一、属州十二、属县十"，其中与后来建立清朝的女真人有血缘关系的是水达达路的女真人。水达达路下辖5个军民万户府：孛苦江军民万户府，故址在今俄罗斯远东博郎湖畔古城；脱斡怜军民万户府，故址在今黑龙江省桦川县万里河通古城；桃温军民万户府，故址在今黑龙江省汤原县香兰乡固木纳城；胡里改军民万户府，故址在今黑龙江省依兰县北、松花江南岸的旧古城；斡朵里军民万户府，故址在今黑龙江省依兰县牡丹江西岸、松花江南岸的马大屯一带。

清太祖努尔哈赤系出自建州女真，建州女真即是以胡里改部和斡朵里部两支女真人为主体发展起来的。

胡里改、斡朵里两部所居，地处三江平原，松花江、牡丹江、倭肯河流域，为他们提供了丰富的水产资源及灌溉之利；肥沃的黑土地，适于谷菽类农作物的生长；群驰于大平原的獐、狍、野鹿，是渔猎民族赖以生存的经常性食物。这里的女真人，相对来说，生活是比较稳定、安逸的。但在元末明初，由于受野人女真的侵扰，不得不背井离乡，开始了较长时期的大迁徙活动。

胡里改部：在明初洪武中期左右，胡里改部酋长阿哈出率部抛庐弃舍，从牡丹江下游向中上游移动，辗转流徙，迁至今黑龙江省宁安市一带，继之又沿蛤蚂河子东行，进入绥芬河上游，顺水而行，定居于河之下游。明成祖永乐元年（1403）十一月，“女直（真）野人头目阿哈出等来朝，设建州卫军民指挥使司，阿哈出为指挥使。余为千百户所、镇抚”[①]。据研究者考证，此时阿哈出所部正居住在绥芬河下游双城子（今乌苏里斯克）对岸的克拉斯诺雅尔山城，渤海王国曾在这里设建州，是率宾府下辖三州之一，明代沿而用之，后来便衍变为部族名，并在历史上显赫一时。上段史料说明，永乐初年，明朝势力已经到达了乌苏里江以东地区。永乐七年（1409），明政府在奴儿干城（今俄罗斯境内黑龙江下游东岸特林地方）设奴儿干都司，对西起斡难河，东至库页岛，北达外兴安岭，南濒日本海的广大地区，实行有别于内地的军政统治。奴儿干都司下设卫，建州卫只是其中之一。一般情况下，卫设指挥使1人、指挥同知2人、指挥佥事4人，其属官有镇抚司镇抚2人。卫之下是千户所，通常简称“所”，设正千户1人、副千户2人、镇抚2人。再下辖为百户，设总旗2人、小旗10人。卫、所的各级官吏由明朝政府任命当地的氏族、部落酋长担任，属与“流官”有别之“土官”，没有官俸。卫、所统辖下之各族，对明王朝承担纳税、从征、戍守的义务。所纳赋税，采取“土贡”的形式，主要有马匹、貂皮、海东青等当地土特产品。明政府曾规定，女真人每年一贡，每次千

①《明太宗实录》卷24。

人，如系极其边远之地，“不拘时月，听其来朝”。至于从征和戍守之义务，则必须服从，朝廷据其绩过以定奖惩。阿哈出所部之最初的“建州女真”与其他女真人一样，隶属于明王朝的统治之下。

阿哈出死后，其子释家奴、孙李满住继任建州卫指挥使。永乐二十一年（1423），因受“女真野人”侵扰，向明朝政府奏请后，李满住率部众1000余户，长途跋涉，西迁到婆猪江（今鸭绿江支流浑江）一带居住。建州卫之建制亦随着这支女真人的迁徙而移动。在婆猪江期间，建州卫女真人又不断受到野人女真及朝鲜国的骚扰，不得安稳，李满住只好上奏明廷，请求内徙，经明朝政府同意，“移住灶突山东南浑河上”，最后在赫图阿拉（今辽宁新宾）定居下来，这里便成为后来“建州女真”的崛起之地。

斡朵里部：在胡里改部离开牡丹江下游、松花江岸边的同一时期，斡朵里部在酋长猛哥帖木儿的统率下，也被迫“挈家流移”，离开故乡，抵达图们江下游的珲春一带，之后定居于朝鲜东北部斡木河（又作“阿木河”，今朝鲜会宁）地区。永乐三年（1405）明政府于上年派使诏谕猛哥帖木儿后，再次遣人到达斡朵里部，宣布明成祖的敕谕：前次使者回来说，你恭敬朕命，归心朝廷，朕甚嘉之，今再遣人赏赐你彩缎等物，你可亲自入朝，接受赏赐你的职务名分，令你抚安军民，打围放牧，以便生养。于是，猛哥帖木儿等人便随使入朝，前往京师觐见成祖。在南京，明成祖“授猛哥帖木〔儿〕建州卫都指挥使，赐印信、钑花金带，赐其妻幞卓、衣服、金银、绮帛”[1]。物资后被掠，弟凡察负伤出逃，不久，董山被赎回。经过这场浩劫，建州左卫已无法在斡木河一带立足，经朝廷允准，明英宗正统五年（1440）迁到浑河支流苏子河一带，与建州卫女真再次团聚，从此联结为一体。

从斡木河迁徙的第二年，明廷宣布“升建州左卫都指挥佥事凡察为都督佥事，仍掌卫事”，并因旧印告失，颁发了新印。但后来董山获得旧印，叔侄两人便因印互争对建州左卫的统治权。一卫二印，不合于法，而二人又皆为忠于王事之至亲，为解决这一矛盾，稳定女真民心，防止意外事件发生，更是遵循传统的对边疆少数民族“分而治之”的政策，正统七年（1442）明政府决定：分建州左卫，设建州右卫。升都督后，由于斡朵里部与朝鲜关系紧张，猛哥帖木儿遂率众迁到阿哈出所居之建州卫，与胡里改部重逢。永乐十年（1412），明政府在此另设建州左卫，任命猛哥帖木儿为建州左卫指挥使。当永乐二十一年（1423）李满住徙往婆猪江时，猛哥帖木儿亦率部迁回到斡木河地区。

猛哥帖木儿对明王朝是忠诚的。他曾率部随明成祖远征漠北，并不辞辛劳多次入朝，为表彰其忠顺，明王朝亦“恩赐”有加。宣德元年（1426），明宣宗封其为都督佥事；宣德八年（1433）又封为右都督佥事。然而，猛哥帖木儿的效忠却给建州左卫女真人引来一场空前的灾难。就在他被封为右都督佥事的

---

① 朝鲜《李朝太宗实录》卷11。

当年，在配合明军平叛战斗中，建州左卫为敌所破，猛哥帖木儿与长子蒙难身亡，次子董山为都督同知，掌左卫事；都督佥事凡察为都督同知，掌右卫事。董山收掌旧印，凡察给新印收掌。

这样，董山继承了其父之左卫，凡察领新析置之右卫，合李满住之建州卫，统称“建州三卫”，即“建州女真”部，是后来满族的主体部分。董山，是清太祖努尔哈赤的五世祖。

三卫之中，董山的势力发展较快。此时李满住已年迈，凡察声望又逊于其侄，董山遂控制了三卫，大有统一建州女真之势，这不符合明朝的民族统治政策。明朝地方官员、边镇将领对女真人歧视压榨，激起女真人的不满与愤恨。而董山本人有别于乃父，不像猛哥帖木儿那样对大明恭敬顺从，经常率部出掠，给辽东人民的生产与生活造成破坏，当然随之也给建州女真引来灾难。明宪宗成化三年（1467）董山入京朝贡，在返回途中被扣，押于广宁（今辽宁省北镇），不久被杀。与此同时，明军会同朝鲜军队杀向建州，女真人奋起抵御，但庐寨被攻破，损失惨重，李满住被斩。经过此次打击，建州女真元气大伤，濒临分崩离析的边缘。

董山有三子，长子妥罗，次子妥义谟，三子锡宝齐篇古。锡宝齐篇古是努尔哈赤的四世祖。董山死后，妥罗继父为建州左卫指挥使。面对满目疮痍，软弱无能的妥罗无法使建州女真从四分五裂中摆脱出来，归于一统。明武宗正德元年（1506）妥罗死，其子脱原保继任建州左卫指挥使。为避免重蹈祖父董山之辙，脱原保曾多次入京朝贡，以表示其忠顺，求得明王朝的宽容。

锡宝齐篇古仅一子，名福满，是努尔哈赤的曾祖。福满有 6 个儿子，长子德世库，生三子，居觉尔察地方；次子刘阐，生三子，居阿哈河洛地方；三子索长阿，生五子，居河洛噶善地方；四子觉昌安，生五子，居赫图阿拉地方；五子包朗阿，生二子，居尼麻喇地方；六子宝实，生四子，居章甲地方。可见，福满儿孙满堂，人丁兴旺，其 6 个儿子分居于 6 个城寨，在一定范围内形成了家族地域势力。觉昌安是努尔哈赤的祖父，其所据赫图阿拉，是祖先久居之地，距其余五城远者 20 里，近者 5 里左右。

建州女真在董山被杀之后，处于严重的分裂状态，到福满、觉昌安时期，大致分裂为"建州五部"和"长白山三部"两大部分。建州五部有：苏克苏护部、浑河部、完颜部、董鄂部、哲陈部；长白山三部包括：讷殷部、鸭绿江部、朱舍里部。建州女真之外有海西女真，主要是"扈伦四部"：叶赫部、乌拉部、哈达部、辉发部。以北、以东还有东海女真，包括瓦尔喀部、虎尔哈部、窝集部等。"各部蜂起，皆称王争长，互相战杀，甚且骨肉相残，强凌弱，众暴寡"，其景象与铁木真统一之前的蒙古非常相似。

当建州女真被明军袭杀之后，含恨忍怒，在冰天雪地之中修栅筑寨，重建家园时，范文程的曾祖父范锪正科场中举，在宦海遨游中步步高升。当建州女真各部兵燹迭起，互相征伐之际，沈阳卫指挥同知范沈正同儿子范楠酒足饭饱之后，边用牙签剔着留在牙缝中的植物纤维，边谈论着从镇将边卒、幕僚衙役、商贾小贩、茶馆酒肆那里听来的各种消息："东夷"之习俗、女真之源流、明军之战绩、建州之重创。他们庆幸女真族的分裂状态，以至于当时看不到大金王朝的后代再现女真人辉煌的一线曙光。但他们饱读经书，非常明白黑暗与黎明的辩证关系，看到明朝的江河日下，辽东官将的腐败昏庸，又觉得不寒而栗，忧心于女真人是否会重新强大，担心第二个完颜阿骨打的出现。历史不会等到他们找到一个既合乎情理又可自慰其心的答案之后才启动车轮。正当他们无法判定未来的时候，一个决定着明王朝，也决定着女真族命运的人物，在东方，在苏子河畔的建州女真部已经诞生了。他就是努尔哈赤。

明嘉靖三十八年（1559），努尔哈赤出生于赫图阿拉。此时他的祖父觉昌安正与兄弟们率领子侄艰难地扩展着基业，自五岭迤东、苏子河迤西，200 里内，诸部尽皆宾服，觉昌安兄弟强盛起来。觉昌安有五子，长子礼敦、次子额尔衮、三子界堪、四子塔克世、五子塔察篇古。塔克世就是努尔哈赤的父亲。同中国古代历朝一样，清朝人也极力将努尔哈赤的出生渲染得异常神奇：

初，厄墨气（即额穆齐，塔克世之正妻）怀孕十三月生努尔哈赤，当时正值明朝嘉靖三十八年（1559）。当时，有识之长者说，女真部必有大贤人出，戡乱致治，服诸国而为帝。此言传闻，人皆妄自期许。努尔哈赤生，凤眼大耳，面如冠玉，身体高耸，骨骼雄伟，言词明爽，声音响亮，一听不忘，一见即识，龙行虎步，举止威严。其心性忠实刚果，任贤不贰，去邪无疑，武艺超群，英勇盖世，深谋远虑，用兵如神，因此号为英明汗。

塔克世有五子，努尔哈赤居长；次子穆尔哈齐，与努尔哈赤异母；三子舒尔哈齐、四子雅尔哈齐，与努尔哈赤一奶同胞；五子巴雅喇，亦与努尔哈赤异母。10岁时，努尔哈赤便失去了母亲，继母对其寡恩，经常对塔克世磨叨一些不利于努尔哈赤的话，所以当他19岁时，父亲仅予其微薄财产，令他分出别居。在这一年，努尔哈赤结婚，建立了自己的家庭。自10岁丧母后，少年努尔哈赤便经历了诸般生活的艰辛与磨炼，造就了他刚毅、果断、应变力强、不屈不挠的性格。

在努尔哈赤成长时期，东北的局势非常复杂。明朝自中后期以来，整个王朝进入衰败时期，边政亦随之废弛不可问，边疆汉民族——主要是明朝边兵镇将与各少数民族的关系很紧张，兵戎相见之事不绝于书。例如，实力发展较快的建州右卫指挥使王杲，与辽东边将的冲突便时常发生。嘉靖四十一年（1562），王杲勾结“土蛮”进犯东州、凤凰诸地，杀死明副总兵黑春；隆庆六年（1572），王杲大掠抚顺；万历二年（1574），王杲袭击明军，杀备御裴承祖。对此，明军也不断以讨伐相待。隆庆五年（1571），明军出击建州女真，斩首近600级；万历二年（1574），王杲杀裴承祖之后，辽东总兵官李成梁亲率大军征讨王杲，焚其寨，掠其财，斩首千余，王杲被逼奔逃海西女真，投靠哈达部的五台。五台忠于大明，缚王杲献明军，王杲遂被杀。万历八年（1580），建州女真人王兀堂率千骑入寇辽东，被李成梁袭杀，700余人丧命；万历十年（1582），李成梁率兵入建州，破王杲子阿台部，歼1500余众，称

“大捷”。建州女真濒临于难，努尔哈赤不会无动于衷。他深深体会到，女真要真正强盛、发展，必须实现统一。而明朝虽已腐朽，边政虽已废弛，但它毕竟是“天朝大国”，其实力消耗尚需一定的过程，所以，在时机成熟之前，即使是蒙受无端欺辱，甚至天降灾难，也要忍气吞声，并极力表现出恭敬顺从。从后来的发展过程上看，努尔哈赤确实是这样做的。努尔哈赤万万没有想到的是，意外的灾祸来得如此之快，残酷的考验立刻摆在了面前，这就是觉昌安、塔克世被明军误杀。清朝人是这样记述此次不幸事件的：

初，苏苏河部内秃隆城，有尼康外郎者，于癸未岁万历十一年，唆构宁远伯李成梁攻古勒城主阿太、夏吉城主阿亥。成梁于二月率辽阳广宁兵，与尼康外郎约以号带为记，二路进攻。成梁亲围阿太城，命辽阳副将围阿亥城。城中见兵至，遂弃城遁，半得脱出，半被截困，遂克其城，杀阿亥。复与成梁合兵围古勒城，其城倚山险，阿太御守甚坚，屡屡亲出绕城冲杀，围兵折伤甚多，不能攻克，成梁因数尼康外郎谗构，以致折兵之罪，欲缚之。尼康外郎惧，愿往招抚。即至城边赚之曰：“天朝大兵既来，岂有释汝班师之理，汝等不如杀阿太归顺，太师有令，若能杀阿太者，即令为此城之主。”城中人信其言，遂杀阿太而降。成梁诱城内人出，不分男妇老幼尽屠之。

阿太妻系太祖大父李敦之女，祖觉常刚闻古勒被围，恐孙女被陷，同子塔石往救之。既至，见大兵攻城甚急，遂令塔石候于城外，独身进城，欲携孙女以归，阿太不从。塔石候良久，亦进城探视，及城陷，被尼康外郎唆使大明兵并杀觉常刚父子。后太祖奏大明曰："祖父无罪何故杀之？"诏下，言："汝祖父实是误杀。"遂还其尸，仍与敕书三十道，马三十匹，复给都督敕书。太祖曰："杀我祖父者，实尼康外郎唆使之也，但执此人与我，即甘心焉。"边臣曰："尔祖父之死，因我兵误杀，故以敕书马匹与汝，又赐以都督敕书，事已完矣。今复如是，吾誓助尼康外郎筑城于甲板，令为尔满洲国主。"于是国人信之，皆归尼康外郎。其五祖子孙对神立誓，亦欲杀太祖以归之。尼康外郎又迫太祖往附，太祖曰："尔乃吾父部下之人，反令我顺尔，世岂有百岁不死之人？"终怀恨不服。[①]

上文中，尼康外郎后人作"尼堪外兰"，阿太即阿台，觉常刚即觉昌安，塔石即塔克世，苏苏河部即苏克苏护部，秃隆城又称图伦城。觉昌安一族亦属苏克苏护部。

觉昌安父子被杀虽出意外，苏克苏护部的内部矛盾却显露出来。觉昌安兄弟六人，在部内势力较强。塔克世助明攻王杲有功，任建州左卫指挥使，号令部众，在枭雄四起、诸部争强的时代，如尼堪外兰之流不服强势，想方设法除

①《清太祖武皇帝实录》卷1。

而代之者不乏其人，觉昌安父子遭属下暗算，尼堪外兰唆明兵以杀之，便不是什么稀奇之事。丧祖失父的努尔哈赤虽继承父职，但年轻辈低，势单力孤，包括本族人在内的部人纷纷投靠获得明军支持的尼堪外兰，也是顺理成章的。祖父本为明兵所杀，努尔哈赤不敢得罪大明，只能迁罪于尼堪外兰，死死咬住不放，以此为借口，四处征讨，进攻一切与尼堪外兰有关或者无关的不顺从者。可见，在这次事件中及其之后，偶然因素与必然因素互蓄其中，横祸飞来，并由此引发的一切，都是苏克苏护部内部矛盾的体现。所以，理解一个历史事件并不困难，但要认清隐藏于表象背后、自始至终贯穿其中的无形线索，是需要我们大费脑筋的，而这却是我们正确解释历史存在的关键。觉昌安父子被杀，使苏克苏护部内部矛盾公开化、明朗化，为欲展雄心争强者带来了机遇，其中自然包括身处逆境中的努尔哈赤。因此，准确地说，努尔哈赤伟大事业之初，自苏克苏护部内部斗争开始。

当时，努尔哈赤虽然势力单弱，但他袭父职为指挥使，并得敕书 30 道，还是有一定的号召力的。本部人多归尼堪外兰，亦有对尼堪外兰不满而投努尔哈赤者。于是，在祖父蒙难之当年，即明万历十一年（1583）五月，25 岁的努尔哈赤打着为血亲复仇的旗号，披父之遗甲 13 副，联合加木河寨主刚哈鄯，沾河寨主常书、杨书，以不到百人攻尼堪外兰，克图伦城，从此开始了征战生涯。

是年八月，努尔哈赤兵取萨尔浒城；次年正月，破兆佳城；六月，得马尔墩寨；九月左右，克翁科洛城；万历十三年（1585）九月，收安土瓜尔佳城。起兵仅两年多，努尔哈赤便实力大增，声名日震，苏克苏护已基本统一，充分显示出其杰出的政治斗争、军事指挥才能，努尔哈赤遂转向统一建州女真的新目标。万历十二年（1584）九月，努尔哈赤即用兵董鄂，十三年染指哲陈，十四年又及浑河，十六年锋向完颜，“建州五部”归于一统。到万历二十一年（1593），“长白山三部”先后臣服。

短短10年时间，努尔哈赤不仅走出了逆境，而且业绩惊人：统一了长期混战的建州女真各部。万历十五年（1587）筑费阿拉城，并居此称王，粗定国制，以额亦都、安费扬古、费英东、何和里、扈尔汉组成的“开国五大臣”聚齐，他们为努尔哈赤事业的成功起到显赫的作用。万历十七年（1589）受明封“建州左卫都督佥事”，次年入京朝贡，与明朝密切了关系，由最初“遗甲”13副、兵不满百，发展到铁骑云集，拥兵万余。努尔哈赤实力大增，女真族的英雄已经在东方崛起。

二、称霸一方

努尔哈赤统一建州诸部，使建州女真走上了新的发展道路。昔日内部互相征伐的局面基本结束，境内社会秩序、人民的生产生活均较稳定，社会经济有所发展。努尔哈赤对内示强，但对明示弱，且极表恭顺，所以虽然他强盛程度与王杲之辈相比有过之而无不及，却未引起明王朝的怀疑与不安，建州女真也未遭到明军的讨伐攻击。而此时，东北亚地区正经历着翻天覆地的变化，陷入复杂、混乱的状态中，对努尔哈赤来说，这倒是上天对他的垂青。

自进入 16 世纪以来，明朝向着腐朽没落阔步迈进。在朝内，皇帝昏庸，党争激烈，宦官擅权、宠臣弄柄，层见叠出；在朝外，残酷的封建统治使阶级矛盾日益激化，反抗之火此熄彼燃；在边疆沿海，“南倭北虏”遥相呼应，狼烟四起，警报频传，统治阶级陷入严重的危机之中。公元 1573 年，10 岁的明神宗继位，年号“万历”，内阁首辅张居正遂行变法，以力挽狂澜。改革收到了实效，但与渐渐长大的皇帝发生了冲突。万历十一年（1583），当觉昌安父子双双蒙难，努尔哈赤为报血仇起兵讨尼堪外兰之时，明神宗却在北京宣布，追夺去年死去的张居正官职。从这一年起，昏庸绝伦的“万历爷”牵引着明朝步入死亡的深渊；也是从这一年起，英名盖世的“老罕王”率领着女真民族走向振兴的道路。“天朝大国”江河日下，建州女真却蒸蒸日上，历史也会嘲弄人！

在 16 世纪末的东北，除明朝势力外，还有一支不可忽视的力量——蒙古。自俺答汗死后，鞑靼蒙古虽对明都不再构成严重的威胁，但对东北明朝势力的骚扰却时常发生。以最近的来说：万历十三年（1585），兀良哈蒙古三卫之一的泰宁部先掠沈阳，继犯蒲河、辽沈，被李成梁分别击破；翌年，土默特蒙古勾结泰宁部，3 万骑兵犯辽阳，被李成梁击溃；万历十七年（1589），土默特蒙古相继侵义州、辽东，李成梁兵败绩；次年，土默特铁骑深入辽沈，李成梁再现败局。蒙古诸部没有在不断出袭中实现统一、强盛起来，却使日趋废弛的明朝边政雪上加霜，军事实力受到削弱，东北局势更加复杂。

这一时期，还有一支令明朝东北边将和努尔哈赤都瞩目的势力——海西女真。16 世纪末，扈伦四部中怀霸业之心者代不乏人，所以各不相容，内部争战不休，而明军惧其强盛，时有兴兵讨伐之举。也是在觉昌安父子死难的万历十一年（1583），明军诱斩叶赫贝勒青佳努、仰佳努，屠 1500 余人；万历十五年（1587），明军出袭哈达部，斩首 500 余级；次年，李成梁兴师叶赫，亦斩首 500 余人。明朝对海西女真所采取的“击强存弱”打击政策，不仅断绝了其强盛统一之路，而且使其失去了钳制建州女真的重要作用，这是明朝至蠢之举、至误之策；对努尔哈赤来说，则是至喜之讯、至良之机。

正当努尔哈赤用兵长白山三部，即将完成对建州女真的统一之际，在东北亚地区发生了对中国东北，包括对努尔哈赤都有影响的重大事件——日本侵略朝鲜。日本太政大臣丰臣秀吉在统一国内后不久，便积极推行对外扩张政策，企图侵朝鲜、占中国、霸亚洲，建立丰臣氏的亚洲王国。万历二十年（1592）日军从釜山登陆，侵入朝鲜，朝鲜军民顽强抵抗，但由于“承平久，兵不习战”，京城失，平壤陷，两位王子被俘，大片国土沦丧。中、朝两国山水相连，唇齿相依，朝鲜还是明朝的藩属国，中国有出兵助朝抵御外侮之义务，更何况丰臣秀吉明侵朝鲜，暗算中国。翌年，明廷派宋应昌、李如松提兵数万，援朝抗日，中、朝两国军队合力作战，终于在万历二十六年（1598）取得了最后胜利。是役，东北明军大部出征，许多精锐青壮马革裹尸，辽东诸镇元气大损，对东北诸族的军事威慑力因此降低。另外，朝鲜经此兵燹，国力顿衰，封建统治者只能苟延残喘，当后来明朝约其配合进攻后金时，朝鲜军队的出击仅具象征意义。

总之，16 世纪末，无论天时还是地利，皆倾斜于努尔哈赤，加之建州女真艰难创业时万众一心，更为努尔哈赤增添了取得新辉煌业绩的保证。统一建州后，努尔哈赤的下一个目标便是迟早要兵戎相见的强劲敌手——海西扈伦四部。但他没有料到，对手却先发制人，海西女真的贝勒们揭开了自取灭亡的序幕。

万历二十一年（1593）九月，扈伦四部联合科尔沁、锡伯、卦尔察蒙古三部，朱舍里、讷殷长白山二部，集兵 3 万，三路杀向建州部。生死攸关之际，努尔哈赤沉着冷静，率军抵古勒山险要之处，令诸将分头布阵。

布阵后努尔哈赤命厄一都领兵一百挑战，叶赫见状便不攻城，收兵来敌。建州兵一战杀 9 人，叶赫兵稍退。有布戒、金台石及科尔沁三贝勒，领兵合攻一处，时布戒先入，所骑之马被木撞倒，有满洲一卒名吾谈，即向前骑而杀之，其兵大败。叶赫贝勒等见布戒被杀，皆痛哭，其同来贝勒等大惧，并皆丧胆，各不顾其兵，四散而走。明安马被陷，弃鞍赤身，体无片衣，骑骣马脱出。努尔哈赤纵兵掩杀，尸满沟渠，杀至哈达国钗哈寨南吾黑运之处。是夜结绳拦路，杀败兵甚众。次日，一人生擒布占太跪见努尔哈赤……是战也，杀其兵4000人，获马3000匹、盔甲千副，满洲至此威名大震。[①]

厄一都即额亦都，布占太是乌拉贝勒满泰之弟。此战努尔哈赤大败扈伦、蒙古、长白山等部，威名大震。古勒山之战是努尔哈赤统一建州后与海西女真贵族矛盾的总爆发。虽然扈伦四部内充满了明争暗斗，但在共同对付强大起来的建州女真问题上，各派势力达成了一致。然而，古勒山之惨败使他们丧失了优势，并吹响了努尔哈赤统一女真大业第二阶段的号角。

万历二十七年（1599），努尔哈赤统率大军向日益衰弱的哈达部开刀，激战六昼夜而克其城。由于受到明廷责问，努尔哈赤无奈，只好复立哈达。万历二十九年（1601），哈达部终未摆脱成为努尔哈赤部民的命运。哈达灭亡后，在叶赫、乌拉、辉发，并未激发起唇亡齿寒之感，因为三部没有立刻联合起来对抗建州女真。于是，在实力上占据绝对优势的努尔哈赤，经过数年厉兵秣马，兵锋指向辉发。万历三十五年（1607），努尔哈赤兵抵辉发，一举而灭其部。

但乌拉和叶赫是海西女真中的强者，不会像哈达与辉发那样比较顺利地被占城夺籍。由于古勒山之战中擒获了乌拉贝勒满泰之弟布占太，努尔哈赤便开始了争取乌拉部的工作。他对布占太优礼相待，并以弟女妻之，“恩养”三年，

①《清太祖武皇帝实录》卷1。

派人护送回部。逢其时，满泰被杀，布占太遂为乌拉贝勒。但布占太并不对努尔哈赤感恩戴德，回到乌拉后，整军图治，扩张势力，以求执一方牛耳。正全神贯注洞察乌拉的努尔哈赤，岂能容忍布占太羽翼再生？以武力收服乌拉已是唯一方式。万历四十一年（1613），努尔哈赤统军出征，大战乌拉兵，经激烈血搏，先败其军，继取其城，布占太孑身投叶赫，乌拉部遂灭。这样，扈伦四部仅存最后一部，也是最强盛的一部，即叶赫部。扫平乌拉部后，努尔哈赤以索取败逃的布占太为名，挺军入叶赫境，骚扰掳掠后，初捷而归。叶赫诉于明，明一面派兵助叶赫戍守；一面叱责努尔哈赤。努尔哈赤只好忍气吞声，伺机而动。在起兵攻明并取得萨尔浒大捷后，万历四十七年（天命四年，1619）八月，后金八旗兵在努尔哈赤的指挥下，讨伐叶赫部，俘叶赫部贝勒金台石、布扬古后杀之。叶赫部灭亡了，标志着努尔哈赤完成了对海西女真的征服。

此外，自 16 世纪末始，努尔哈赤还用兵东海女真、黑龙江流域及蒙古族地区。除明朝势力控制的辽东等地区之外，东北的大部已臣服于努尔哈赤。

征服叶赫、讨伐大明前夕，在东北地区，除明军之外，无人敢与建州军事力量抗衡。得到明廷支持的叶赫部的存在，是努尔哈赤统一女真族的最后一个主要障碍。用兵叶赫，势必会与明军发生正面冲突，与其到那时会战明军，不如乘明朝昏君庸将尚不了解建州部真实情况之际，出其不意，攻其不备，直接挫明军之锐气，然后征服叶赫，实现女真统一。但努尔哈赤毕竟是大明“臣子”，万历二十三年（1595）还被明廷封为至为显赫的“龙虎将军”，欲起兵抗明，首先必须割断“叛逆”之名的臣属关系，此其一。其二，明朝此时已腐朽没落，窳败入骨，而女真则在民族统一进程中强大起来，疆域日拓，归附日众，在具备了问鼎一方的条件的情况下，不及时独树一帜，“名不正言不顺”，不利于争取更多的反明力量，形成一定规模的抗明阵线。其三，势力坐大、雄踞一方的努尔哈赤，不采取意味着“南面为君”的行动，将会使臣民失望，战斗热情因之逐步减弱。于是，努尔哈赤仿效中国古代北方曾经强盛的少数民族之例，在丙辰年（明万历四十四年，清太祖天命元年，1616）以 58 岁之龄断然称“汗”了。庄严的仪式在正月初一日举行：

正月初一日，申日，国中诸贝勒、大臣及众人会议曰：“我国从无立汗，其苦殊深，天乃生汗以安国人也！汗既天生，以恩抚贫困之国人，豢养贤达者，即应称上尊号。”议定后，八旗诸贝勒、大臣率众成四面四角，立于八处，有八大臣持书自八旗出跪于前，八旗诸贝勒、大臣率众跪于后。立于汗右侧之阿敦侍卫及立于汗左侧之巴克什额尔德尼，各自出迎，接八大臣跪呈之书，放置于汗前御案。巴克什额尔德尼立于汗左前方，宣书咏诵“天任抚育列国英明汗”。宣罢后诸贝勒、大臣起，继之，各处之人皆起。于是，汗离座出衙门，叩天三次。[1]

①《满文老档》汉译本。

努尔哈赤在赫图阿拉登殿称“汗”，明确宣告了女真政权的诞生、女真对明朝臣属关系的结束。努尔哈赤继承了完颜阿骨打之传统，摆出了独霸一方并欲问鼎中原大明政权的阵势，预示着一场场恶战即将在山海关外的东北大地展开，处于分崩离析前夜的明朝，从此加速了走向灭亡的步伐。

三、文程陷身

天命三年（1618），赫图阿拉。戊午年的春节热闹异常，人们喜气洋洋，欢度着一年之中最隆重的节日，就连街头巡逻的士兵也一去往日板着的面孔，满脸堆笑地向过往行人拜年问安。已是正月十五之夜，人们不仅不觉疲倦，反而把节日的气氛推至高潮。东北有句俗话：“八月十五云遮月，正月十五雪打灯。”纷纷扬扬的瑞雪虽然隔断了月光的爱抚，却是吉祥的预兆——瑞雪兆丰年。正值努尔哈赤的六十大寿之年，所以从初一到十五，诸贝勒、大臣为大英明汗举办的庆宴连天累日，十五这天一直欢饮到下半夜子时已过。努尔哈赤的臣民们虽不嗜酒，但不惧豪饮，酒能刺激人的神经，能拨起兴奋之火，所以欢饮之后，诸臣不拘约束，慷慨而谈。当说及如何进行下一步军事行动，如何对付濒死未僵的明朝时，大家面有难色，低头不语。到了十六日清晨，大雪已停，银装素裹的大地与西垂明月交相辉映，令人心旷神怡。努尔哈赤走到门外，凝视皎月，若有所思。忽然，他发现有黄光贯于月中，其光宽如布幅，月之上长约二竿，月之下长一竿余。仰敬天命的英明汗发现了这一吉祥兆头，转身回来，激动地对大家宣布："诸贝勒、大臣，尔等勿怠，吾意已决。今岁吾必兴兵征讨，断不休战矣。"努尔哈赤终于暗示出其征辽讨明之意。二月，他又明确地与贝勒、大臣商议："我与明国成衅，有七大恨，至于小忿，不可枚举，欲往征之。"经过周密的策划、秘密准备，四月十三日，努尔哈赤集八旗大军誓师讨明，行前发布了著名的"七大恨"讨明檄文，作为全军将士的动员令。文曰：

我父、祖未损明边一草寸土。明于边外，无故起衅，杀我父、祖，此其一也。虽杀我父、祖，我仍欲修好，曾勒碑盟誓云：凡明国、女真人等，若越帝界，见者即杀其越界之人，倘见而不杀，殃及不杀之人。然明军渝誓出边驻戍，援助叶赫，其恨二也。明人于清河以南、江岸以北，每岁窃逾边境，侵扰劫掳女真地方。我遵前盟，杀其越界之人。然明置前盟于不顾，责我擅杀，执我前往广宁叩谒之刚古里、方吉纳，并缚以铁索，挟令我献十人解至边上杀之，其恨三也。遣兵出边戍，援助叶赫，将我已聘之女，转嫁蒙古，其恨四也。不准数世驻守帝边之柴河、法纳哈、三岔三处女真收获耕种之粮谷，并派明兵驱逐，其恨五也。边外叶赫，受天谴责，乃从其言，遣人致书，以种种恶语辱我，其恨六也。哈达人曾助叶赫，两次来侵，我反攻之，天遂以哈达畀我。其后，明帝又助哈达，胁迫我以还其地。我遣释之哈达人，又屡遭叶赫人遣兵侵掳，遂使天下诸国人互相征伐。天非者败而亡，天是者胜而存也！岂有使死于兵者复生、所获之俘遣归之理乎？若称天授大国之帝，宜为一切国家之共主，何独为我之主？初扈伦合攻于我，天谴扈伦启衅，而以我为是。该明帝又如此上抗于天，偏助天谴之叶赫。何以倒置是非，妄为剖断？其恨七也。明欺我太甚，实不堪忍，因此七大恨之故，而兴师征伐。

“七大恨”之檄的发布，既使努尔哈赤畅吐出积郁心中多年之愤懑，又鼓动起将士们的旺盛斗志，更使他的出师多了一层“以仁义之师伐无德之国”“顺天应理”“名正言顺”的色彩。四月十三日，八旗军兵分两路出发了，并于四月十五日里应外合，智取抚顺城，明抚顺游击李永芳被俘投降。接着，八旗兵四处攻略，先后夺取东州、玛根丹城及小堡、台、屯，将所掠人口编为1000户，拆抚顺城而归。回军途中，又大败广宁镇守张承胤、副将颇廷相、参将蒲世芳所率之前来救援抚顺的1万明兵，阵斩总兵、副将、参游及千把总等官共50余员，兵卒十损七八。二十六日，努尔哈赤率军回到了赫图阿拉。

在由6万八旗兵押解的长长的被俘队伍中，有一位年轻的书生，边走边观望着周围的凶兵利刃，满脸忧愁，失神的眼睛暗淡无光。阶下之囚无疑是俎上之肉，是身首异处，还是天幸存活？无从卜知。一种说不出的酸楚，直涌得鼻子发酸，每个骨节都发酸。辛酸，太辛酸！这个书生不是别人，正是本书的主人公——范文程。

四、乱世浮沉

明万历二十五年（1597），天灾人祸扰乱了辽东汉人之心。先是辽阳、开原发生地震，这对于对大自然的任何哪怕非常微小的变化都非常敏感的中国百姓来说，足以使人心惊肉跳；继之，蒙古部族趁明朝边镇军队大部调赴朝鲜抗倭，边防空虚之机，蹂躏辽东，铁骑劲旅踏进沈阳，杀掠无算，百姓遭难，生灵涂炭。此时，在沈阳卫所属之抚顺堡，范楠正与长子范文案坐在前堂，等待着接产婆从后堂送来消息。当得知又添一子时，范楠欣喜过望，一扫多日以来与其他人一样因兵荒马乱而压抑在心头之愁，即为此男婴取名“文程”，可见，这个知识分子世家虽已经败落，仍不厌于对子孙后代“文兴”之厚望。

范文程继承了知识分子之家传，“少好读书，颖敏沉毅”，在父亲教导下，与兄长文案一道，昼诵夜读，潜心于“四书”“五经”。功课之余，常听父亲讲起祖先之辉煌、家族之荣耀，中间自然夹杂着对家业衰落之叹息，对处沧桑世变中不能复振家业之内疚与惭愧，以及言谈话语、目光表情中所暗含明示的对儿子们的殷切期望。从父亲那里，范文程兄弟不仅学到了科举登考所必备的知识，接受儒家传统文化的熏陶，而且知道了温、良、恭、俭、让的处世哲学，他们佩服父亲，更感激父亲，所以范文程对父非常孝敬。后来范文程入仕大清，受皇太极器重，显荣于人前之时，即迎父亲以侍养，表子寸心。一次，皇太极要范文程陪其用餐，御席上自然是山珍海味，盘满碟溢，范文程见此，想到有些菜是父亲未食未见甚至未闻其名的，便不肯下筷食用。聪明绝顶的太宗皇帝立即体察到范文程念父之情，命人撤席以赐范楠。这件事不仅表明皇太极与范文程君臣二人之间的密切关系，而且在范文程身上，体现出父子之间浓厚的天伦之情。当然，在御前如此表现，会提高对自己品行的评价，可谓“一举两得”。此事虽小，影响却很大，不然，史官不会将微末之事载记“正史”的。

身居关外边城，范文程兄弟并没有“两耳不闻窗外事，一心只读圣贤书”，哥儿俩也不时出去走走，甚至到马市去看与“夷人”交易的情形。所谓“马市”，是明政府在边疆地区专门开设的与当地少数民族相互贸易的场所。有趣的是，到抚顺贸易的不是别人，正是建州女真人，努尔哈赤及其先辈均曾携带人参、貂皮等物，来此换回铁制农具、麻布、粮食、盐等物。在这里，范文程比内地汉民得天独厚地见到了建州女真人，见到了他们的服饰、行为举止、交易方式，听到了他们与蒙古语相近的语言，了解到他们的生活习俗、历史与传说。亲眼所见之下，范文程有着与内地汉民不同的体会，他不怀有因文记载或道听途说而引起的对“夷人”妖魔化的恐惧，亦不因千奇百怪的无稽传闻而判定“夷人”即“异类”。他体会到的是，“夷人”虽然有其落后、粗野的一面，但他们大多彬彬有礼、直率坦诚、热情豪爽；主持贸易的明官汉商，虽貌似“文明”，但奸猾狡诈，甚至对女真人欺骗凌辱，极尽歧视；至于官弁兵卒，更是有过之而无不及。特殊的生活环境，现实的生活际遇，使范文程的内心世界中，传统的“夷夏之防”观念比较淡漠，对边疆少数民族不能说其毫无歧视之心，但比内地汉民对边疆少数民族有着更多的理解，较内地知识分子更能适应与“夷人”的相处共事。抚顺城的这段生活经历，对后来范文程身陷“夷”域，却并未“杀身成仁”或奋起反抗，到后来更“不耻事夷”，不能说毫无影响。

经过多年的潜心穷经，万历四十二年（1614），当努尔哈赤在赫图阿拉忙着为登殿称汗做准备时，18岁的范文程与哥哥范文寀一道，记着母亲的嘱咐，带着父亲的重托，走进了考棚。“功夫不负有心人”，兄弟双双登榜，考中沈阳县学生员（秀才），于是乎亲朋好友、邻里乡党纷纷入门道贺。范楠夫妻欣喜难禁，他们觉得，自己虎生生的两个儿子，比谁的孩子都聪明，将来定是状元及第、高官厚禄。范文程心中也不免沾沾自喜，但他更清楚，这只是他一生奋斗的起点，要实现远大的抱负，必须做好踏上更艰难旅程的准备。

范文程万万没有想到，他的锦绣前程刚刚有了希望，女真人便闯了进来，他与哥哥共同成为昔日来抚顺城和平贸易者的阶下囚，前程不前程是小事，眼下性命难保，焉顾其他？范文程犹如从峰巅跌落谷底，先觉冷风飕飕，继而周身麻木。可怕的事情终于发生了。范文程与另外 16 人被绑缚，女真劲卒怒目持刀，只等一声令下，刀起人头落。这时，英明汗努尔哈赤走了过来，见他们与力事垄亩者不同，忽然问范文程："识字吗？"范文程答道："我是秀才。"努尔哈赤一听大喜，下令立即为 17 人解缚松绑，于是范文程带着一身冷汗，从死亡线上回来了。

对于这一段不寻常的经历，清人也好，范文程也罢，皆讳莫如深。清代官书、私著甚至大加篡改，极力粉饰，或说："太祖高皇帝龙兴东国，首定抚顺，始得公。太祖伟其貌，询知为大司马孙，顾谓贝勒曰：此名臣子孙也，其善遇之。诸王、世子竞加优礼"；"天命三年，大兵克抚顺，文程年二十有一，太祖见而器之，使随行"。或谓："文程以诸生来归，太祖善遇之，参与帷幄"；"天命三年，大兵克抚顺，文程偕兄来归"；"天命三年，杖策谒太祖高皇帝于抚顺，伟其貌，询其家世，谓诸贝勒曰：此名臣后人，厚遇之。命直文馆，参预帷幄"。越传越神，越写越奇，既夸赞、美化了努尔哈赤善于识人，又抬高了范文程在清人眼中的地位、形象，更掩盖了努尔哈赤在征战辽东过程中滥杀无辜的血腥残忍。范文程对自己被俘的遭遇历守沉默，但大清王朝定鼎中原后，一次故地重游，触景生情，慨叹之余而吐真言。据载：

范内院文程出关葬亲，宿一牛录庄。范公不怡，问："此有游憩所乎？”牛录云：“咫尺查孝廉居，书室楚楚。”公与二牛录三骑至，孝廉迎坐书室，公欣然曰：“此可下榻乎？”孝廉曰：“不鄙荒陋，幸甚。”解带盘桓，鸡豚雉兔，略具盘飧。公饮啖至饱，曰：“有牙牌可消长夜乎？”取牌共戏，索箸为筹，孝廉以围棋子代之，四人共戏。公与孝廉胜，分博进。牛录谢去，公寝。晨兴，语孝廉：“独行无侣，能从我游乎？”则借马从之。之墓所，公曰：“太祖定辽阳，壮者配营中，杀老弱，已而渐及拥厚资者，虑有力为乱也。”公行一地，曰：“昔我就僇处也。十七人皆缚就刑，太祖忽问：‘若识字乎？’以生员对。上大喜，尽十七人录用，至今职，我始望岂及此乎？”①

范文程的一番话，道出了努尔哈赤攻明之初，广大汉族人民所受涂炭的基本状况。先斩老弱，继杀富室，至于幸免罹难的男丁青壮，在后金的境遇亦不失其悲惨。

早在努尔哈赤讨明之前，已有汉族被掠、被卖或因各种原因自愿投归，来到女真地区，除自行投顺者外，被掠、卖之人基本上成为女真人的阿哈，即农奴。他们平时从事以农业为主的各种劳务，战时则要随主人远征出战；他们与牛马一样，可以被主人随意买卖、遗赠、作为婚嫁之陪送，挨打受骂，甚至被折磨致死。攻克抚顺诸地，不仅拉开了努尔哈赤征讨大明的序幕，而且后金军

①《清朝野史大观》卷5，“范文肃因生员免僇”。

队开始闯入了汉族聚居区。八旗兵征战之地愈广，则被掠之民愈众。沦入后金的汉族人，根据其境遇，大致可分为两类，如从抚顺之陷中寻其代表，一类是李永芳之流，一类为范文程之辈。

李永芳是明抚顺游击，城破投降后，努尔哈赤下令编降民千户，“仍依明制，设大小官员，著交其原主游击李永芳管辖”。努尔哈赤还将自己的儿子阿巴泰之长女嫁给李永芳，李永芳遂荣登东床，成为“抚顺额驸”。如《清史稿》所言：“太祖伐明取边城，自抚顺始；明边将降太祖，亦自永芳始。”攻克辽、沈之后，李永芳晋升为总兵官。继其之后，随着明军连续损兵失地，投奔后金的汉官屡见不鲜。天命四年（1619），后金八旗兵以少胜多，在萨尔浒地区大败 10 万明军，取得具有历史性转折意义的胜利。继之夺取了开原、铁岭二城，于是遂有王一屏、戴集宾、金玉和、白奇策等 4 位千总率 20 余人降清，努尔哈赤大喜，重加赏赐。

属于范文程这类，如再具体划分，还有多种。一种未发旗下为奴，而是仍由汉官辖治，如李永芳所管理之编户，“未分其父子、兄弟，未离其夫妇。因战争而失散之兄弟、父子、夫妇、亲戚、家奴及一应器物，尽查还之。此外，再给以马、牛、奴仆、衣服、被褥、粮食等。又给牛 1000 头，以供食用。每户分给大母猪 2 口、犬 4 条、鸭 5 只、鸡 10 只，以供饲养，并给予器皿等一应物件”。当然，为颂努尔哈赤“抚育万民”之德，这段记载不免虚夸，但仍可反映出，此种人的待遇、地位与“民”无异，他们独立生活，但需交粮纳草、当兵服役。他们的一应事务既由汉官管理，所以较少直接受女真贵族的压榨；他们大多不与女真人混屯同居，因此并非总是处在女真人的骚扰之中。这种人，不妨权且视之为后金统治下的汉族“兵户”。另一种人虽归旗下，但其地位亦较阿哈为善，如天命六年（1621）三月初四日，一名汉人自沈阳城乘马投金，被赐予多铎阿哥“豢养”，因其系主动归顺，虽居旗下，阿哈岂能与之相比？最下一种，则是虽侥幸得生却沦为人奴的范文程之流，后金军队所掠汉族人，在努尔哈赤时代，绝大多数是这种处境。范文程被俘后，即隶镶红旗下为奴。清人谓努尔哈赤命对范文程“厚遇之”，纯属子虚乌有的饰非之辞；说范文程“参预帷幄”，更是倒装历史。如果努尔哈赤真的对范文程“见而器之”并“厚遇之”，如果范文程确曾“参预帷幄”，发挥过作用，那么连村民献杏的细小琐事亦登载入册的太祖朝《满文老档》，绝不会无范文程一字一词，事实上，连他的名字也找不到；至于说他随军“取辽阳，度三岔，攻西平，下广宁”，那只不过是以“奴”的身份跟着主人征战而已。范文程脱奴籍入仕宦，“参预帷幄”，是皇太极时期之事。

李永芳之流，范文程之辈，入后金为人之臣、之奴，寄人篱下，仰人鼻息，言行不由己出，随主子之喜怒，沉浮权借他人，视上尊之意愿，所以，他们的地位、处境，时刻都在发生着变化。后金势力进入辽河以东地区之后，更是如此。

天命六年（1621）三月，后金军攻克沈阳、辽阳及辽河以东大小 70 余城堡，10 万左右明军被歼；四月，努尔哈赤迁都辽阳。次年正月陷西平、广宁，环广宁数十堡皆降，继克义州。天命十年（1625）后金军攻占旅顺，后弃城不守，迁民以还；三月，迁都沈阳。至此，辽东、辽西几尽为后金所有，山海关外，明军仅据宁远、锦州、大小凌河诸城与敌抗衡。

金、明交兵中，除战场上大规模的伤亡外，后金军队对人口的杀掠相当严重。例如，天命三年（1618）五月破松山屯周围四城寨，城内之人全部被杀；七月，八旗兵取清河城，杀死全部守城明兵 1 万余人，又破一堵墙和碱场城，运走全部粮食，获俘虏 3000 人；九月，入抚顺以北会安堡路，掠千人，杀男丁 300 人。天命四年（1619）四月后金军在铁岭附近掠俘 1000 人；在沈阳附近杀 30 余人，俘 20 多人。天命五年（1620）五月入明境掠夺，俘获 400 人；六月扰沈阳，杀明兵约百人，又在抚顺野外掠 4000 人。天命六年（1621）七月捕获乘船的汉人 86 人，留下有用的工匠，其余均斩杀；九月，戍守汤站堡一带的八旗兵袭击已经归顺的汉民，杀戮一番后，又捉捕 1 万人；十二月攻毛文龙所统之明军，将俘虏之吕游击、千总、百总、兵丁共 500 余人杀掉，继又四周搜索，捕获男子 1000 余人，均斩之。天命七年（1622）二月入明境掠 80 人，威家堡 400 人降，北宁之北山崖获俘 600 余人。天命八年（1623）四月，有 2000 个男丁带领子女奔逃明境，被后金军追赶，杀死所有男丁，俘其子女以归，攻破乘船的汉人，1000 人全部被杀死。

这里所举的仅是一部分例子。随着疆域日拓，俘获日众，如何统治日益增多的汉族人口，成为摆在努尔哈赤面前的一大问题。入辽之初，努尔哈赤仍沿破抚顺后之法。一是将俘获人口配旗下为奴。分配掠得之物，是后金于生产所获生活资料之外的重要物资补充形式，于是分配之时，俘虏作为财富的构成部分自然被计算在内了。赏赐，特别是“战利品”之一的人口赏赐，是后金将士获取“阿哈”的重要途径，每次征战告捷归来，他们都会得到英明汗的这种“施恩”。如天命六年（1621）五月副将武尔古岱、李永芳平镇江，俘1000人而归，努尔哈赤随即提300个俘虏，分赏都堂、总兵官以下至游击职的将领，又以600人赏给出征的士兵。二是编户安置，实行“恩养”，初入辽东，努尔哈赤急需汉族人——特别是汉族上层人物的归顺与合作，希图于战场之外扩大影响，壮大势力，因此，对新占领区人口主要是编户以辖，使其各守旧业，并计丁授田，以安无业。

为更有效地统治广大汉民，努尔哈赤拉拢、培植了一批汉族军功贵族，实行“以汉治汉”。对叛明投金的顺官降将，或保留其原有官职甚至所属，或据功以升迁重用，这样，在后金的汉族聚居区，形成了总兵—副将—参将—游击—备御等原明军职职官体制，其与后金八旗的固山—甲喇—牛录的组织系统明显不同，反映出努尔哈赤根据各民族不同的文化背景实行“分而治之”的策略。不过，这一汉制的借用，既然是军政的而非道—府—州—县的民政管理系统，则表明努尔哈赤在战火纷飞、戎马倥偬年代，仍实行着不异于女真人的“军民合一”“军政合一”的组织、管理方式。从这个意义上来看，其又与八旗制度有共通之处。从当时的实际状况来说，努尔哈赤正处于军事征战峰巅，武力的强大不仅是取得战争胜利的关键，而且还是内部统治的有力保障，所以，努尔哈赤对新占领区实行武力统治，并命汉族男丁为其戍墩台、守城堡、追捕逃人、随军出征、奉命杂差的做法，从某种意义上来说，是可以理解的。

在努尔哈赤培植的汉族军功贵族中，居于领袖地位的是佟养性、李永芳、刘兴祚三人。

佟养性，据说其先世为女真人，因居佟佳，遂以地为氏，后徙抚顺。努尔哈赤称汗后，佟养性见女真政权日益强盛，暗自潜通，为明边吏察觉，被捕入狱。后逃脱，奔往赫图阿拉，努尔哈赤以宗室之女嫁给他，佟养性便成了“驸马”，被称为“施吾理额驸”，授三等副将，入辽东后，晋升为二等总兵官，命管辖辽东五卫汉民。

刘兴祚，辽东开原人，因获罪遭明官杖责，万历三十三年（1605）逃入建州，努尔哈赤喜予收用，赐名爱塔，授备御职。入辽东后，连升游击、参将、副将，管辖金州、复州、海州、盖州所谓“南四卫”汉民。其侄为海州参将，其弟亦官游击。

抚顺额驸、总兵官李永芳，负责管辖沈阳中卫汉民。

可见，以上三人之所以成为后金汉官的领袖，是因为他们都与大英明汗有着特殊的关系：一个先期投归，一个早已暗通，一个开汉官降“夷”之先例；两个是额驸，一个是被“赐”名的爱将。除此之外，他们还有一个共同点，即都是武夫之类。就是以这三员武夫为首，构成了天聪年间被称为“旧汉官”（天聪二年，1628，刘兴祚投明，后战死）的汉族军功贵族集团，代表着投靠新主的汉族上层势力，为努尔哈赤统治着辽东汉民。他们自知为人臣不易，为“异族”臣更难，所以处处谨小慎微，极力恪尽职守，尽心效犬马之劳。

他们统治的汉民，努尔哈赤规定，每3丁合种官田1垧；每20丁，以1人充兵，1人应役。其汉官，总兵官辖男丁4000人，副将辖3000人，参将、游击各辖2000人，备御辖1500人。

努尔哈赤以为，他在战场上频频告捷，大败明军，已经在军事上取得了胜利，因而便取得了对新占领区汉民的统治权，被征服的汉族人自然会对他俯首帖耳，极表恭顺。大英明汗想错了，辽东汉民针对后金军队的血腥杀掠、残酷的高压政策，以各种形式的反抗斗争予以回答。他们或逃亡，或投毒，或偷袭散兵孤卒，乃至发动起义，使后金在辽东的统治摇摇不稳。对此，天命十年（1625）努尔哈赤亲自总结道：

我取辽东之后，未杀尔等，亦未动房舍耕地，未侵家室什物，皆豢养之。如此恩养，竟成不足。古河之人，杀我所遣之人而叛。马前寨之人，杀我使者而叛。镇江之人，执我委任之佟游击送明而叛。长山岛之人，执我所遣之人送广宁。双山之人，暗通敌兵，杀我之人。岫岩之人叛逃，为费书生首告之。复州之人反叛，带领明船前来。平顶山隘口之人，杀我四十人而叛。不思我养育之恩，仍向明朝，故杀此有罪地方之人。无罪地方之人居住日久，难免不乱，故迁至北方，给以房舍田地食粮豢养之。虽如此养育，然窝藏奸细、接受札付、叛逃而去者仍然不绝。本年船城之人，耀州之人，欲带户口投明，遣人勾兵前来领取之。彰义站之人，为明兵来时棒击诸申而备置棍棒。鞍山、海州、金州、首山等周围之堡人，皆曾窝藏奸细，勾兵前来带领而去。①

面对广大汉民此伏彼起的反抗斗争，努尔哈赤不是明智地采取缓和民族矛盾、阶级矛盾以顺应时代发展潮流的积极措施，而是动以武力，施以强制，以致风声鹤唳，怨声载道。大开杀戒，是努尔哈赤对付汉民的主要手段。三征镇江，即其明例。天命六年（1621）五月，武尔古岱、李永芳率军征不降的镇江汉民，屠戮抗拒者，俘千人而还。但镇江百姓宁死不屈，虽挫不馁。七月，擒后金派来的游击佟养真送往明军，并杀其子及随从60余人，汤站、险山之民遂效之。努尔哈赤闻讯大怒，命皇太极、阿敏两位贝勒统兵二征镇江，屠杀之余，将12000名俘虏带回，赐予从征将士。九月，后金兵三征镇江，俘反叛之民3000人以归。最残酷的是天命八年（1623）六月，努尔哈赤获悉复州民欲叛金归明，急遣大贝勒代善率2万大军前往，将18000余男丁杀戮殆尽，仅

①《满文老档》汉译本。

余500名。

屠杀并未止住反抗，后金亦未由此稳定，于是，恼羞成怒而又无计可施的大英明汗，在天命十年（1625）十月下令，八旗大臣前往各路屯堡，进行“甄别”，杀“奸”留“顺”，然后以男丁13人、牛7头编为1庄，总兵官以下、备御以上八旗职官，1备御赏给1庄。这样，大量的辽东汉民除遭屠杀者外，大部分未能逃脱沦为阿哈之厄运。大屠杀中，由于努尔哈赤主观地认为“窝藏明遣之奸细、接受札付、备置棍棒等种种恶行，皆在外书生、官员之亲戚及前大臣尔等之所为也”，于是原明朝之地主绅士、青衿生员同遭劫难，“使贤良之书生亦被杀绝”。后来努尔哈赤也觉得这样做太过分，于其统治更为不利，“惜而止之”，将失魂落魄的闲散书生凑集到一起，略仿明朝之例搞了一次所谓“考试”，有300余人被录用，每人配给男丁2人，免役赋。当时范文程身为旗下之奴，自然不得与试，因而未获此显才机会。

天命十年（1625）的大屠杀，虽未殃及范文程，或许是无人身自由的阿哈地位成全了他，可是耳闻目睹中，不寒而栗时，他的内心世界亦激荡起伏。他更加清楚了，无论为人之臣抑或为人之奴，其福祸存亡、起落沉浮，每时每刻都紧密联系在主子喜怒无常的一道道皱纹上，为奴，是家主的阿哈；为臣，不就是至尊的阿哈吗？只要是居于一人之下，无论多么显贵，与阿哈何异？身家性命还是柄于人君之手。范文程想起了“慎言独行”之哲言圣训，从此以后，处处以小心为怀，以谨慎为念。他一生宦海沉浮，能够死里逃生，恐不免天命十年（1625）所受教育的影响。

而此时，李永芳的处境却有些“今非昔比”了。自抚顺归降、荣登额驸之后，李永芳为报主努尔哈赤“知遇”之恩，勤勤恳恳，竭忠效力，可谓“义无反顾”。因此颇受英明汗之青睐，由游击升迁副将，再晋总兵并与另一位额驸佟养性共同主管辽东汉官事务，当时汉官中仅这两位总兵居官最高。但是，天命八年（1623）努尔哈赤命将出师征剿复州，李永芳认为复州人叛变的消息尚不准确，需待核实后再举兵往讨，当他进行谏阻时，被努尔哈赤劈头盖脸一顿痛骂，李永芳的儿子们、刘兴祚的族人皆遭捆绑，李永芳并被削职为民，数日后虽复原职，却从此与众汉官一样，失去了努尔哈赤乃至女真贵族的信任。天命十年（1625）大屠杀后，众汉官及其族属分别隶于八旗之下，处境令人哀婉。天聪八年（1634）皇太极传训众汉官之谕，透露出李永芳辈的境况：

> 初，尔等俱分隶满洲大臣，所有马匹尔等不得乘，而满洲官乘之；所有牲畜尔等不得用，满洲官强与价而买之。凡官员病故，其妻子皆给贝勒家为奴。既为满官所属，虽有腴田，不获耕种，终岁勤劬，米谷仍不足食，每至鬻仆典衣以自给。[①]

总之，努尔哈赤在辽东地区执行了一系列错误的政策，导致广大汉民奋起

①《清太宗实录》卷17。

反抗。60 多岁的努尔哈赤没有冷静地分析汉民反抗的根源所在，寻找自身政策上的疏差，而是迁怒于汉民对其“恩养”之情不感恩戴德，从未蒙受过战场上失败羞侮的努尔哈赤哪受得了平民百姓的屡挫不馁？他虽有战刀利刃，却是抽刀断水，于是恼羞成怒，刚愎自用，主观臆断，任意行事，终于演出了生灵涂炭、汉族士宦无辜罹难的天命十年（1625）大屠杀悲剧。

英明汗手下的那些贝勒、大臣等女真贵族，除少数人还保持着一定的清醒外，大多数武夫战将居功自傲，目空一切，对汉族人，包括效力于后金的众汉官倍加歧视，随意凌辱。贝勒阿敏曾当面大骂李永芳：“我岂不能杀尔蛮奴！”摆出一副征服者骄横跋扈的姿态。这些贝勒、大臣是努尔哈赤政策的具体执行者，他们的态度直接影响到政策在实施过程中张弛急缓的伸缩性。此外，晚年的努尔哈赤喜顺言，厌逆耳，多数贝勒、大臣对汉民的态度又与他不谋而合，双方相互影响，共同作用，遂使后金的待汉之策日益滑向极端。所以，天命十年（1625）的过激行动，其责任不只在努尔哈赤一人，而是整个女真统治者的严重错误。

天命十年（1625）大屠杀使身在后金的各个阶级、阶层的汉族人个个提心吊胆，人人自危，他们或暗通明军，图谋反抗；或偃旗息鼓，待机而动；或沉默寡言，谨慎于事；或极力献媚，苟延残喘；或为虎作伥，残害同胞。同时消息不胫而走，迅速传入明朝境内，尤其是地处山海关外前沿之城——宁远，广大军民对女真贵族的暴行义愤填膺，对同胞的不幸遭遇扼腕垂泪。为使自己免遭女真贵族铁骑的蹂躏，他们拿起武器，全副武装，决心全力以赴，誓死御敌，定要在保卫家园的战斗中，为努尔哈赤所谓常胜不败的军事功绩留下一个缺憾，使其无法画上一个圆满的句号。

第三章 主易臣起

一、宁远折汗

自从天命七年（1622）正月后金八旗兵攻破西平，强占广宁，至天命十一年（1626），中间除曾遣兵夺取旅顺，努尔哈赤已经四年未向明军发起大规模的攻势了。

这四年，对努尔哈赤来说，异乎寻常。如果说在天命七年（1622）以前他虽也常有忧虑之事，但往往因军事上的节节胜利而冲淡，大体上是喜过于忧；但天命七年（1622）之后则喜事鲜至，而且旧有与新生的各种矛盾交相发作。在此四年之中，这位60多岁的老人基本上是处于忧胜于喜的抑郁烦闷之中。困扰着大英明汗的，主要是后金国内诸种矛盾。

其一是汗位之争，这一矛盾由来已久，为此，万历三十九年（1611），他杀死了自己同母之弟舒尔哈齐；万历四十三年（1615）又处死了长子褚英，付出了血的代价。然而，血的代价并未换取矛盾的消退，努尔哈赤多妻多子，在王位世袭的时代，诸子中不避风险、觊觎汗位者大有人在，天命五年（1620），其次子、大贝勒代善因此而被疏远；天命八年（1623）五月，创制满文、对满族文化做出卓越贡献的额尔德尼巴克什亦因与汗位问题有瓜葛，以不死之罪而遭冤杀。经过一番苦思冥想，天命七年（1622）三月英明汗发布了八和硕贝勒共主国政之谕，使争夺汗位的矛盾暂时缓和下来，但未根本解决，为以后新的矛盾爆发埋下了伏笔。对此，努尔哈赤亦当是忧犹在心的。

其二是汉民难治，这是四年之中努尔哈赤所面临的最主要、最令其寝食难安的主要问题。他想尽了一切可以想到的办法，采取了一切可能施行的措施，百般规劝、种种威胁，皆收效不显。他实在想不通：为什么众多汉民对战功赫赫的新主不匍匐崇仰、山呼万岁？为什么一再“恩养”，他们还是与明同谋？于是努尔哈赤只迷信武力，幻想以之迫使汉民恭顺服帖地接受他的统治，结果是明水暗流，非但未令汉民屈从，却折腾得后金国内田园荒芜，生产萧条，妻离子散，哀鸿遍野，国力受到极大削弱。

晚年的努尔哈赤确实已经度过了“春风得意”之时，困扰他的事情接踵而至，足令其耗血费神了，偏偏天不分其忧，倒将一个个哀痛向年逾花甲的老人掷来。天命五年（1620）三月，一等大臣费英东死，年 57 岁；六年五月，一等总兵官额亦都死，年 60 岁；七年七月，一等大臣安费扬古死，年 64 岁；八年十月，一等大臣扈尔汉死，年 48 岁；九年八月，一等大臣何和里死，年 64 岁；是年二月，努尔哈赤幼弟巴雅喇死。五年时间，与努尔哈赤朝夕相处、为后金创业开基立下显赫战功的“五大臣”相继故去，努尔哈赤痛苦不堪，对天而泣：“佐吾创业诸臣，何无一人在后送我也！”哀伤之余，他不禁想到自己，也已年近 70 岁了，“人生七十古来稀”，虽留恋这世界，牵挂着一件又一件未竟之事，可这世界还能容我多久？

英明汗毕竟是英明汗，他没有被忧愁哀痛折磨倒下，他永无衰老之日。于是，为再举大军伐明，他又显出其过人精力。他遣兵出征蒙古，使扎鲁特部屈从；与蒙古科尔沁台吉奥巴会盟修好，以壮大反明力量；命将士远征东海女真各部，抄掠人口，充实八旗兵源。努尔哈赤时刻关注着明朝的动向，伺机发动新的进攻。

这时，明朝内部也是危机四伏，一触即发。万历四十八年（1620）明神宗死去，光宗继位，不久因误食红丸药而死，遂由熹宗入大统，改元“天启”。熹宗朝充满了尔虞我诈、你争我夺的激烈党争。以魏忠贤为首的宦官集团把持朝政，打击异己，大肆迫害东林党人，一时间道路以目。明朝混乱之政局，牵动着辽东的军事形势。熹宗初即位，便连遭沈阳、辽阳、广宁之败，廷臣遂举孙承宗为兵部尚书，主持辽东军事。孙承宗了解边情，勤于职守，且知人善任，辽东暂获安全。但天启五年（即天命十年，1625）孙承宗被阉党劾罢去职，明廷以阉党分子高第为兵部尚书，代孙承宗经略辽东。高第庸怯无才，素不知兵，一反孙承宗之道而行之，辽东军事形势急转直下，令人担忧。

明朝辽东经略易人的消息迅速传到沈阳，一向善于捕捉战机的努尔哈赤闻知，一跃而起，命令集结部队，齐械备马，大举征讨明军。天命十一年（明天启六年，1626）正月十四日，努尔哈赤亲率诸贝勒，统大军浩浩荡荡向明朝边境急驰而去。十六日抵达东昌堡，十七日渡辽河，八旗军“于旷野布兵，南至海岸，北越广宁大路，前后如流，首尾不见，旌旗剑戟如林”。后金前锋兵至西平堡，得悉“大明兵右屯卫一千，大凌河五百，锦州三千，以外人民，随处而居”。于是后金兵杀向右屯卫，明守城参将周守廉率军已遁，后金军据之，并运粮储于此。接着，八旗兵一路横扫，连陷松山、大凌河、小凌河、杏山、连山、塔山等7座城镇，宁远遂成孤城。努尔哈赤兴奋了，宁远城要么投降，即使不降，沈阳、辽阳、广宁那样的大城重镇皆被八旗军攻克了，小小的宁远城岂不唾手可得？二十三日，后金大军便云集宁远，在距城5里处，横截山海大路安营扎寨。可是努尔哈赤做梦也没有想到，阴沟里也能翻大船，宁远城成了他的耻辱，在这里，他遇到了使之死不瞑目的敌手——袁崇焕。

袁崇焕，字元素，万历四十七年（即天命四年，1619）进士，授邵武知县，胆识皆具，少喜言兵，尤其关注辽事。广宁失守后，被荐擢升为兵部职方司主事，旋迁山东按察司佥事山海监军。就任后，力主积极防御，坚守关外，营筑宁远城以为重镇，得到孙承宗的赏识与支持，二人合作默契，使辽东军事形势有了好转。然孙承宗罢去，代之以高第。高第怯敌，令尽弃山海关外之地，专主守关。袁崇焕不从，极力争之，高第无奈，撤锦州、右屯、大凌河、杏山、塔山守具，并驱兵民入关，宁远城已成孤势。

后金大军即至，宁远城内士卒不满2万，且外无援军，袁崇焕遂与总兵满桂、参将祖大寿等决计固守，不与敌野战。全城军民早已知悉上年后金对汉民的大屠戮，誓与城共存亡，绝不受敌之蹂躏。袁崇焕更“刺血为书，激以忠义，为之下拜，将士咸请效死”。于是，袁崇焕令置西洋大炮于城上，坚壁清野，整肃军纪，偃旗息鼓，静以待敌。

努尔哈赤在宁远城外扎下大营后，将所捉获汉人放入宁远，传其劝降之谕："吾以二十万兵攻此城，破之必矣，尔众官若降即封以高爵。"袁崇焕亦传语答之："汗何故遽加兵耶？宁锦二城乃汗所弃之地，吾恢复之，义当死守，岂有降理？乃谓来兵二十万，虚也，吾已知十三万，岂其以尔为寡乎？"努尔哈赤见宁远拒降，遂命准备战具，次日攻城。

二十四日，八旗兵对宁远孤城发起强大攻势，以战车覆城下，掘洞凿墙，企图破城墙而入。适值隆冬时节，天寒土冻，后金兵冒着枪林弹雨，吃力操作，进展艰难。明军则枪炮药罐礌石齐下，死战不退。尤其是西洋大炮，射程远，威力大，弹发后落入八旗骑兵队中，立即血肉横飞。努尔哈赤见鏖战已久，死伤枕藉，且人疲马乏，无可奈何地下令收兵。二十五日，后金兵发起了更大攻势，然而，领略了大炮滋味的兵卒虽有官将挥刀督战，仍畏葸不前，除抛下更多的尸体外别无所获。据清人记载，后金军队"二日攻城共折游击二员，备御二员，兵五百"。这肯定是经过压缩了的数字，八旗兵之被虓，自入辽东以来，恐以宁远之战为最。

二十六日，努尔哈赤获悉关外明军粮草俱屯于觉华岛，遂命部将武讷格率兵前往，尽杀明军，焚毁全部船只、粮草。二十七日，努尔哈赤撤宁远之围，行至右屯卫，将集屯粮草付之一炬，二月初九日回到了沈阳。

关于努尔哈赤在宁远城下的遭遇，朝鲜人当时有过这样一段记载：

> 我国译官韩瑗，随使命入朝。适见崇焕，崇焕悦之，请借于使臣，带入其镇，瑗目见其战。军事节制，虽不可知，而军中甚静，崇焕与数三幕僚，相与闲谈而已。及贼报至，崇焕轿到敌楼，又与瑗等论古谈文，略无忧色。俄顷放一炮，声动天地，瑗怕不能举头。崇焕笑曰："贼至矣！"乃开窗，俯见贼兵满野而进，城中了无人声。是夜贼入外城，盖崇焕预空外城，以为诱入之地矣。贼因并力攻城，又放大炮，城上一时举火，明烛天地，矢石俱下。战方酣，自城中每于堞间，推出木柜子，甚大且长，半在堞内，半出城外，柜中实伏甲士，立于柜上，俯下矢石……须臾，地炮大发，自城外遍内外，土石俱扬，火光中见胡人，俱人马腾空，乱堕者无数，贼大挫而退。翌朝，见贼拥聚于大野一边，状若一叶，崇焕即送一使，备物谢曰："老将横行天下久矣，今日见败于小子，岂其数耶！"奴儿哈赤先已重伤，及是俱礼物及名马回谢，请借再战之期，因懑恚而毙云。[1]

努尔哈赤是否在宁远城下受伤，这是一个有争议的问题，但他后来非死于战场，似无异议。无论如何，努尔哈赤毕竟遭到了有生以来第一次惨败，而且是在一座宁远孤城下败给了过去只是纸上谈兵、军功榜上无觅其名的明朝地

① 《燃藜室记述》第 6 辑，卷 25。

方官，而非战绩显赫的大将，“英明汗”之威名因此受折，努尔哈赤实在无法接受这一打击。对此，清人也不避讳，官修的《清太祖武皇帝实录》即云：帝自二十五岁征伐以来，战无不胜，攻无不克，惟宁远一城不下，遂大怀忿恨而回。

努尔哈赤宁远之败，原因固多，但有一疑点令人深思。《清太祖武皇帝实录》卷 4 记努尔哈赤自回到沈阳后第一次露面，三月初三日的耐人寻味之谕，大体内容如下：

“我日理万机，有人却认为我懒政，不留心治国之道，不体察民情，埋没功臣，我的子孙都如我尽心为国吗？大臣们都专心于国家政务吗？我常思虑敌情，当此昼夜诸事难断之际，可来与我交流，聪明之人，我向你提出问题，你必须以你的见解答复我。骁勇的人，记住我的话，大凡语言，或者闲聊而有道理，或者话糙理不糙，但有一种人，不能建言献计，又不勇敢，却知道看我脸色，静听我说，怎不令人心烦？你的统领能力，我已知晓，本想当面训斥，担心你接受不了，所以没说，俗话说，一个勇士捕猎，十个蠢货跟着分肉。贤人治理国家而你坐享其成，英雄陷阵收获而你坐享其成，如庄稼苗有破败掺杂。你做你的，到我面前讨好有什么益处？”

此谕开首部分，努尔哈赤既表白了自己治国的辛苦，又借题发挥出令他忧虑苦恼的问题；中间部分，表示了求言之意，尤其是“有启沃朕心暨精练行阵者”；最后部分，则是谴言责语。从内容上看，被谴责者不仅不是无足轻重的小人物，而且经常陪伴努尔哈赤身边。是谁？不知道；与宁远之败有何关系？不清楚。

半个月后，即三月十九日，有位叫刘学成的人上书，涉及宁远之败原因，并为努尔哈赤出谋划策。节录如下：

“汗未及日中即取沈阳，一日而取辽东，其余所下之城不可胜数。今已二日，为何未得宁远？非辽东、沈阳之人较宁远寡而弱，枪炮较宁远少而钝也。乃汗自取广宁以来，马步之兵，三年未战，主将怠惰，兵无战心也。兼之，车梯藤牌朽坏，器械无锋及汗视宁远甚易，故天降劳苦于汗也。……今汗与诸大臣等，若父子一心，上合天意，下顺民心而行，岂有不可行者乎。我无以相报，仅以所虑之四事奏陈：有功之人，赏以千金而不惜，无功之人，虽亲戚而不赦。赏罚严明，则大事成矣。此其一也……”奏入，汗嘉之。[①]

刘学成之奏获得努尔哈赤的嘉许，一是他主动应诏陈言，且直言不讳；二是奏文内容言之有据，富寓针对性，且与努尔哈赤之谕遥相呼应。如努尔哈赤说“功勋正直之人有所颠倒欤”，刘学成则谓“有功之人，赏以千金而不惜，无功之人，虽亲戚而不赦”；努尔哈赤言“吾子嗣中果有效吾尽心为国者否”，

①《满文老档》汉译本。

刘学成则云“若父子一心”；努尔哈赤道“英雄阵获之物，而汝坐分之”，刘学成则称“三年未战，主将怠惰”。二者印证说明，当时后金确实存在赏罚不当、君父与臣子有隙、八旗贝勒大臣养尊处优之状况。刘学成如此直言，是因为以上所举在后金已是人人知晓、街谈巷议，连努尔哈赤本人亦无所讳。这一切，皆与宁远之败有密切联系。

努尔哈赤受挫宁远，从此后懊恼羞愤，郁郁寡欢，心焦气堵，阴毒遽发，体力不支，每况愈下。天命十一年（明天启六年，1626）八月十一日，68岁的花甲老人努尔哈赤背着那个未画圆满的句号，带着终生遗憾，留给历史诸多疑问，在沈阳城外叆鸡堡与世长辞。贝勒在哭，大臣在哭，女真人在哭，汉族人也在哭。但范文程之辈哭则有声无泪，号则有音无哀。他们一面不得已装出一副哀容以示主子，一面在心中琢磨：老汗已死，新汗当立，汉人的处境会不会有所改善？青衿秀才、贤良生员能不能有出头之日？新君与老汗究竟会有什么区别？他们既焦急祈盼，又忐忑不安，等待新汗即位诏书的颁布。

二、天聪新政

嗣位新汗叫皇太极。

努尔哈赤有16个儿子：长子褚英、次子代善、三子阿拜、四子汤古代、五子莽古尔泰、六子塔拜、七子阿巴泰、八子皇太极（即新汗）、九子巴布泰、十子德格类、十一子巴布海、十二子阿济格、十三子赖慕布、十四子多尔衮、十五子多铎、十六子费扬古。

天命十一年（1626）九月初一日，皇太极举行即位典礼，宣布明年为天聪元年，大赦死罪以下之犯。皇太极不仅继位为汗，而且承揽下父亲留给他的一堆烂摊子。天命十年（1625）大屠杀以来，户口凋零，人烟减少，庐宅残破，南亩弃耕，农业几废，工商萧条；至于阿哈逃亡，汉民反抗，汉官潜明，时有发生。而宁远新败，锐气顿挫，军势不稳，人心叵测。内则四大贝勒（大贝勒代善、二贝勒努尔哈赤之侄阿敏、三贝勒莽古尔泰、四贝勒皇太极）共掌朝政互不相容，各植党羽暗藏杀机；外有明将毛文龙依托朝鲜不时攻扰，袁崇焕宁远获胜后厉兵秣马士气正盛，蒙古部更依强凌弱叛服无常。在这搅国乱政四伏之危机中，首要的是努尔哈赤治汉政策失误所引发的严重后果，当务之急是如何安抚汉人之心，缓解汉民之怨。从皇太极即位后第一道关于国政的上谕来看，他对这一问题的认识是清醒的：

> 治国之要，莫先安民。我国中汉官、汉民，从前有私欲潜逃及令奸细往来者，事属已往，虽举首概置不论。嗣后惟已经在逃而被缉获者，论死；其未行者，虽首告亦不论。[①]

---

①《清太宗实录》卷1。

谕旨颁下，立刻受到广大汉人的欢迎，“由是汉官、汉民皆大悦，逃者皆止，奸细绝迹”。聪慧过人的范文程马上觉察到，在新汗统治下的汉人，其地位将会向改善的方向发展；对个人来说，凭着自己的文才韬略，也许会有一天脱奴返民，甚至入仕为官。范文程越想越兴奋，似乎看到了未来的希望。

的确，天聪汗与天命汗不同。第一道国政上谕已经向世人宣告，皇太极要从改善与汉人之关系、稳定汉民之心、争取汉官真诚合作入手，刷新政治，恢复经济，发展文化，重振军旅，不仅要再现乃父昔日之辉煌战绩，而且还要逐鹿华北，问鼎中原，一统天下，南面独尊。为了实现这一宏伟目标，皇太极采取了一系列抚汉恤民的措施。

首先，编户安民、恤民。天命十年（1625）大屠杀后，努尔哈赤规定汉人 13 个男丁编为 1 庄，按官员品级赏赐，每备御 1 庄，大量汉民遂沦入奴籍。他们与其主同住、同食、同耕，“每被侵扰，多致逃亡”。皇太极重定为每备御只给壮丁 8 人，以备使令，其余汉人分屯别居，编为民户，择汉官之清正者辖治。这样，相当一部分汉人恢复了民籍，并与女真人分开，缓和了民族矛盾。此后，皇太极对俘掠之人越来越多地编为民户，有益于后金之生产发展、社会进步。另外，修筑城郭边墙，是汉民的一项沉重负担，严重影响了农业生产。皇太极宣布，嗣后只对颓坏处修补，用恤民力，专勤南亩，以重本务。他还宣布，女真人与汉人均属一体，凡审拟罪犯、差徭公务，“毋致异同”，要同等对待。虽然在实际生活中，不可能达到真正的“一体”，但以谕旨颁之，至少使汉人在心理上有所宽慰。

其次，放宽逃人罪，颁布《离主条例》。“逃人”是困扰后金统治者的一大问题，越来越多的汉人以逃跑的方式反抗女真贵族的压迫，对农业生产、社会稳定影响颇大，努尔哈赤以严刑峻法处之，效果却适得其反。皇太极上台后的首发国政上谕，即是放宽了对逃人之科罪。后来更规定，欲逃者许之，不罪，但不许返回。逃人遂稀。“离主”，即奴有权控主，鞫实，按律治主，告发之奴便可离主而自由。天聪五年（1631）七月皇太极颁布《离主条例》，并介绍了“离主”的法律缘起：

> 太祖时，凡讦告诸贝勒者，准其离主，听所欲往。后又更议：诸贝勒如犯私通敌国，及谋害宗室、兄弟罪，身尚不存，则原告之人，又何主可离？其以他事讦告诸贝勒者，俱不许离主。今复议定《离主条例》：一、除八分外，有被人讦告私行采猎者，其所得之物入官，讦告者准其离主；一、除八分外，出征所获被人讦告私行隐匿者，以应分之物分给众人，讦告者准其离主；一、擅杀人命者，原告准其离主，被害人近支兄弟并准离主，仍罚银千两；一、诸贝勒有奸属下妇女者，原告准其离主，本夫近支兄弟并准离主，仍罚银六百两；一、诸贝勒有将属下从征效力战士隐匿不报，乃以并未效力之私人，冒功滥荐者，

> 许效力之人讦告，准其离主，仍罚银四百两；一、本旗人欲讦其该管之主，而贝勒以威钳制，不许申诉，有告发者，准其离主，仍罚银三百两。此外，凡以细事讦诉者，不准离主，但视事之轻重审理，应离主者，拨与本旗别贝勒。至民人互相告讦者，仍照常例科断。[①]

《离主条例》限制了女真贵族的特权，使阿哈、包衣的生命得到一定程度的保护。

再次，善待汉官。努尔哈赤当政后期，采取歧视汉人、不信任汉官政策，使汉官们愈益不满，却又敢怒不敢言，于是便发生潜敌、叛逃之事，天聪二年（1628）九月副将刘兴祚之叛，便是明显之例。皇太极即位后，为笼络汉官，取得他们的支持，并在与明抗衡中取得战场之外的胜利，遂改善汉官之待遇，保障并提高其地位。嗣位典礼刚刚结束，皇太极急不可待地抚慰众汉官：既往私欲潜逃及暗通明朝者，皆不究；禁止诸贝勒、大臣属下人等私往汉官之家，勒索马匹、鹰犬或强“买”器用等物及“恣意行游”，违者治以罪，“由是汉人安堵，咸颂乐土”。为进一步争取汉官，培植忠于自己的汉人势力，同时也是为从根本上缓解女真贵族与汉官的矛盾，天聪五年（1631）正月，皇太极敕谕佟养性：“凡汉人军民一切事务，付尔总理，各官悉听尔节制。如属员有不遵尔言者，勿徇情面，分别贤否以闻。尔亦当殚厥忠忱，简善绌恶，恤兵抚民，

①《清太宗实录》卷9。

竭力供职，勿私庇亲戚故旧，陵（凌）轹疏远仇雠，致负朕委任之意。”并为佟养性撑腰而谕众汉官：“凡汉人军民一切事务，悉听额驸佟养性总理，尔众官不得违其节制。如有势豪嫉妒，藐视不遵者，非仅藐视养性，是轻国体而玩法令也，似此娼嫉之流，必罹祸谴。如能恪遵约束，不违节制，非仅敬养性，是重国体而钦法令也，似此良善之辈，将来有不昌炽者乎！”这是皇太极将汉人从八旗中拨出另立旗分，创建汉军旗的重大决策，不仅在一定程度上改变了汉官的处境，而且也加强了天聪汗与大贝勒代善、莽古尔泰（十贝勒阿敏因屠戮永平等城获罪被幽禁）抗衡的力量。更因汉族将士善操火器，使其独成一军，用其所长，而增强了后金军队与明军鏖战之攻坚实力。对此，众汉官感激涕零，纷纷表示，虽肝脑涂地，亦难仰答上恩于万一。

最后，抚降纳叛。努尔哈赤的倒行逆施，使皇太极颇觉被动。他一面笼络安抚手下的众汉官；一面向明朝军民极力剖白新汗视各族为一体，收万民以养之的“恩德”。为表其诚意，他对叛明而来者赏之以利，对俘而不降者处之以养，对主动投降者据情擢用。例如，明建昌参将马光远举城降金，升授为一等总兵官，其兄光先为二等参将，弟光辉为游击；明参将王世选孑身来降，升授三等总兵官；明总兵麻登云阵中被擒，原职留用；明山海关总兵赵率教部将臧调元“自阵获收养后，不烦监守，即效力行间”，授为游击。再如，天聪五年（1631）皇太极亲统大军围大凌河三个多月，城中粮尽人相食，总兵祖大寿被迫纳款输城，但祖大寿又声称欲智取锦州，皇太极遂纵之去，但祖大寿 10 年后才在锦州不保时再次出降。天聪汗没有气恼，耐心以待，并将其部属、家人带归，三日一宴，五日一赏，先予“恩养”（当然对他们是不放心的），称帝改元后，又命职政府，充六部承政。祖大寿降，皇太极仍接之以礼，委以重用。

皇太极的一系列治汉措施，收效甚显，影响远被，于是乎，明朝失意之将、获罪之臣、见风使舵之辈、见利忘义之流，陆续降金，后金在一改往日“屠汉虐民”的形象中壮大起来。其中影响最大的，是所谓“三顺王”来投。天聪七年（1633），明将孔有德率官兵家眷 8000 人、耿仲明率 5800 余人，共同乘船航海奔金，皇太极大喜，令济尔哈朗、阿济格、杜度统兵接应。又急调马匹、营帐以济，并特颁保护谕旨：“向者我国将士于辽民多所扰害，至今诉告不息。今所附之众，一切勿得侵扰。此辈乃攻克明地，涉险来归，求庇于我，若仍前骚扰，实为乱首，违者并妻子处死，必不姑恕！”大军抵沈阳之时，皇太极列帐浑河岸边，亲往礼迎，优渥至极；封孔有德为都元帅，耿仲明为总兵官，统原班兵马不变。孔、耿之叛，足以令北京朝廷震惊、气恼了。然而，第二年，副将尚可喜又率所部 3800 余人弃明而去，皇太极亦封其为总兵官，统原班兵马。是年，定孔、耿之兵名“天祐兵”，尚可喜之兵为“天助兵”，崇德元年（1636）皇太极登基称帝，分别封孔有德为“恭顺王”，耿仲明为“怀顺王”，尚可喜为“智顺王”。孔、耿、尚之航海来投，皇太极之优渥礼遇，既反映了后金政权革新对汉政策正确，措施得当，是皇太极颇得意的“杰作”，同时又为后来清军入关，大量明朝命官守将改旗易帜投靠大清，树立了典范，其影响具有政治、军事意义，且至为深远。

经过皇太极的不懈努力，在清朝宣告成立之前，后金的武装力量中已有了两种汉人势力，其一是以佟养性、石廷柱、石国柱、金玉和、金砺、高鸿中、李延庚、祝世昌等人为首的八旗汉军，即所谓“旧汉人”，后来马光远兄弟、王世选、麻登云、王登甲、孟乔芳及大凌河归降的祖可法、祖泽润、祖泽洪、刘天禄等亦入其内；其二即孔有德、耿仲明、尚可喜所统之“天祐兵”“天助兵”。一时间，天聪汗殿前汉将云集，尤其是天聪年间来投者，不仅人数众多，而且地位显贵，以致“天命旧人”深感不满，倍觉失宠，呼吁皇太极“均优新旧官员”。大凌河获将，他们说：“目今凌河新官，出格优养，固是盛典，但旧官亦系一体优养者。令出鸡、鹅、米、肉，四季供养新官，在穷官因多愁苦，即富官亦难常继。今后宜照旧官，分给田土、牲畜，令生息自养可也。”孔有德、耿仲明航来，他们又说：“孔耿这一伙官兵，多系矿徒，无形影之人，胡赌、胡吃，不务本等生理，虽在山东抢得些财物，及沟浍之水，不过一年半载，必是照旧精光。到那时节，这伙人必不肯甘贫受苦，势必至于为盗劫路，再甚则逃窜背叛，亦所必至者。况孔、耿二人，暴戾无才，怎能抚绥钤束？”他们甚至不耻于借喻妇以诉怨：“新人，犹新妇也；旧人，如旧妇也。今日之新妇，即后日之旧妇，岂止新妇可疼爱，而旧妇不疼爱乎？况一应家事悉赖旧妇经营，旧妇实新妇样子，若旧妇疼养不当，而新妇亦因之疑惧也。”以上虽是旧汉臣惧已失宠而进言提醒、影响皇太极，倒也反映出天聪年间众多汉官汉将以各种方式纷至沓来，被吸收进后金政权，争先恐后服务、效忠于女真贵族的实际情况。可以说，皇太极称帝之前，后金政权的统治基础较努尔哈赤时代要广泛、牢固得多。由于获得了一批汉族地主豪强的支持和参与，政权性质亦因之逐渐发生变化，仅从这一点来看，天聪汗已经具备了取得比其父天命汗更显赫武功之条件。

然而，皇太极并不以将士用命、捷报频传为满足。他曾是四大贝勒之一，辅佐努尔哈赤处理国政，提军出征，对父亲的得与失、绩与过，他比谁都清楚，只是父亲年迈多疑且刚愎自用，他不敢犯颜直谏。四大贝勒中，论聪慧敏锐、阴险狡诈，没有出皇太极之右者，否则，他们不会被这位居于末次的大贝勒各个击败，他的确具备杰出政治家的素质，有较强的是非辨别能力。就以上两点，足以使他对天命末年国政衰微的成因了如指掌，即：一失于不用汉人，二失于唯崇武力。

皇太极并非对中国历代王朝更迭兴衰史一无所知，他懂得以马上取天下，不能以马上治之的道理，深明武力不足恃，尤其面对他的最终征服目标——文明发达、文化先进的辽阔汉人区域，必须以“文治”为首要，“文治武功”兼而用之，才能建立强盛不朽之霸业，江山万代之王朝。努尔哈赤重武轻文的政策和摒弃文生的做法再也不能继续下去了。

看到满朝人头攒动的汉官武将，皇太极更联想到：为什么攀龙附凤而来者，属文生儒臣辈寥若晨星？为什么被围几陷的明城，文弱书生也要鼓噪而前？他明白了，他们知书达理，晓经熟典，所以深明大义，忠君亲上。进而推之，后金不兴文施教，将来会不会发生土豪武夫唯利是图、悖行逆乱之事，亦未可知；而且，欲南面独尊，必须行“君君、臣臣、父父、子子”之道，以儒家学说建立严格的等级秩序，还要使国人在以忠、孝、礼、义、廉、耻规范自己的行动中对天聪汗唯命是从、舍生效忠。皇太极下决心，一定要按新的标准，塑造忠诚于爱新觉罗家族事业的一代。天聪五年（1631），皇太极命贝勒、大臣子弟读书，并向女真贵族们谈了自己的体会：

> 朕令诸贝勒、大臣子弟读书，所以使之习于学问，讲明义理，忠君亲上，实有赖焉。闻诸贝勒、大臣有溺爱子弟不令就学者，殆谓我国虽不读书，亦未尝误事，独不思上年我兵之弃滦州，皆由永平驻守贝勒失于救援，遂致永平、遵化、迁安等城相继而弃，岂非未尝学问不明理义之故欤？今我兵围明大凌河城，经四越月，人皆相食，犹以死守；虽援兵尽败，凌河已降，而锦州、松山、杏山犹不忍委弃而去者，岂非读书明道理，为朝廷尽忠故乎？

于是，皇太极严厉下令：

> 自今，凡子弟十五岁以下、八岁以上者，俱令读书。如有不愿教

子读书者，自行启奏。若尔等溺爱如此，朕亦不令尔身披甲出征，听尔任意自适，于尔心安乎？其咸体朕意，毋忽！[①]

但是，重教不能完全代替兴文，当务之急是采取得力措施，招贤纳士，延揽人才，吸引汉族文生儒臣，促使他们叛明投金，为女真贵族出谋划策，替后金汗运筹帷幄，教化民心。后金的青衿生员们亦提醒皇太极，不要忽视他们的存在，不要忘记争取明朝文臣“慕义来归”“倾心投诚”。举家降金的生员杨名显、杨誉显、杨生辉等人在上奏时说得非常清楚：“皇上如欲大图之，莫若文武并兴，但是今之武将有归者，因皇上崇武故也；文臣甘于死而不顺者，不知皇上兴文故也。愿皇上广兴文之心，再加选拔，以便随才器使。”汉族文人的呼吁，与皇太极的思想不谋而合。于是，天聪汗要一手重武，一手兴文，要把国内有用之才，无论是编民还是阿哈，不管是在自己旗分还是在诸贝勒家中，全部置于汗之殿下。皇太极开始行动了。

三、入侍书房

天聪三年八月二十三日（1629 年 10 月 9 日），东北已是秋风飒飒，老百

①《清太宗实录》卷 10。

姓开始穿上了夹袄，但沈阳街头却是比往日热闹许多。皇宫门外、贝勒宅前，张贴着天聪汗刚刚发布的满汉文合璧上谕：

> 自古国家，文武并用，以武功勘祸乱，以文教佐太平。朕今欲振兴文治，于生员中，考取其文艺明通者优奖之，以昭作人之典。诸贝勒府以下，及满[①]、汉、蒙古家，所有生员，俱令考试，于九月初一日，命诸臣公同考校，各家主毋得阻挠。有考中者，仍以别丁偿之。

人们奔走相告，这一消息迅速家喻户晓，生员们个个喜形于色。九月初一这天，诸生员穿得整整齐齐，早早就来到考棚外，近 300 人默默地站在那里，任凭微寒的秋风吹着，谁也不说话，只是相互用眼神传递着喜悦，传递着内心中的忐忑不安。人群中，站着一位身材高大如鹤立鸡群的汉子，他就是范文程。

范文程望着临时作考棚的这栋平房，泪水直在眼眶打转。15 年前，自己正是青春旺盛，风华正茂，一举而中生员，本想大展抱负，可是，未等再进考棚，便被捆绑押上了法场，差点儿送了命。11 年了，做人下奴整整 11 年了，阿哈的地位改变了自己的命运，也改变着自己的性格——或者说让自己更加成熟了。如今已过而立之年。唉！还是新汗英明，赐下这个良机，这是自己脱奴

---

① 天聪九年皇太极始名族名“满洲”，此权从《清实录》原文。

籍为人臣的大好机缘，凭着自己的才华，定能高登榜首，令同伴们侧目。范文程虽然满怀信心，但还是忍不住默默祷告，祈求祖宗神灵的庇佑。

那么，这 11 年，范文程作为阿哈，干了些什么？不清楚，只知道他曾随家主出征。他是否还以笔墨侍奉主子？有这种可能。天聪六年（1632）十月，正黄旗刘生员、邵生员向皇太极上诉："教习汉文之生员四人，我等教授两旗子弟已十二年矣。我等所教授之杜木拜、巴敦、思额德依三人均被录用。新入两旗诸大臣之子弟，亦共同教授两年矣。乙丑年（天命十年，1625）屠戮生员时，蒙汗眷顾，择而养之，命我等教授汉文，并将被戮生员家中诸物，悉赐我等。凶年赐银命购粮而食。今又蒙汗眷顾，命教授汉文之生员等，各兼男丁二人，免徭役。而正黄旗因生员超额，仅命董生员、黄生员教习，而将刘泰及邵生员我等二人革除，充当差役。更将我等所教授之镶黄旗新旧子弟，命镶黄旗新进生员教授。今特将我等教授十二年之苦，报知于汗。"由此可知，努尔哈赤时期，即命汉族生员教授诸大臣子弟汉文。即使范文程曾经提鞭执教，虽然"八家抚顺汉人"被区别于其他汉族阿哈，终究是没有人身自由之奴。

范文程成功了，他果然名列前茅，不仅使自己摆脱了奴籍，命运转顺过来，而且还获得了天聪汗 2 匹缎、免 2 丁差徭的赏赐。他太兴奋了，现在可以施展才华，重燃熄灭了 11 年的入仕希望之火。他也为同伴高兴，此次考试，共有 200 名生员中榜，分列三等，凡为家奴者皆拔之出，一时文人传颂，儒臣尽喜。

范文程因成绩优异，被安排到“书房”，以文墨侍奉天聪汗。“书房”不是衙门机构的名称，而是文臣办事的场所，不知是谁给起了这么个名称，慢慢传开了，获众默认，遂登于简牍。后人觉其不雅，又名之“文馆”。书房人员的职掌主要包括：翻译汉文书籍，记注本朝政事，出纳章奏，传宣诏令，办理往来“国书”，撰写功臣敕书，回答汗之咨询，等等。因为在皇太极身边工作，所以书房人员有时也陪他聊天，听他发感慨，或者说些题外话。例如，有一次皇太极率贝勒代善、莽古尔泰狩猎，出营地上马时，代善马惊坠地；第三次放围时，莽古尔泰又坠马伤肩。次日，皇太极在行帐中一边料理兽肉，一边对文臣达海、龙什说：“昨日出猎殆不合于道耶？两贝勒皆坠马。盖舍置大政务而从事田猎也。”还有一次，皇太极送客人出，随身进了文臣库尔缠的直房，见他正在写字，便问：“所修何书？”库尔缠答：“记注上所行事。”皇太极便离开书案，说：“此史臣之事，朕不宜观。”又拿起达海所译之武经，见有一段将帅体恤士卒故事，遂若有所思，言道：“观古史所载，将帅必体恤士卒。如我国额驸顾三台，与敌交锋，士卒有战死者，尝以绳系其足，曳归。主将之轻蔑士卒若此，何以得其死力乎？”

书房不仅是文臣办事的场所，还是天聪汗活动之地。活动包括盟誓：天聪四年（1630），驻守皮岛的明将刘兴邦、刘兴基等人派人来联络，欲叛明投金，皇太极率诸贝勒与之在书房焚香盟誓。设宴：翌年，刘兴邦等又遣人来，皇太极命杀羊列筵，至书房宴请；天聪六年（1632）正月，又在书房设宴招待来归的汉人。赏赐：天聪五年（1631）正月，皇太极在书房赐土谢图额驸奥巴及公主礼物，接受大臣谢恩；天聪八年（1634）四月，皇太极授尚可喜为总兵官，并在书房接受其谢恩礼。

由此可见，书房是一班穷酸文人办事之处，被人瞧不起，“人眼中无书房”；同时这里又是天聪汗不时临幸、驻足之地，文臣侍其左右，朝夕相见，他们的进言会对皇太极有一定影响。宁完我即曾向人示威：“众官若不杀我，尔辈不得安生。”所以书房又非寻常之地。

范文程入书房时，这里的女真文人主要有达海、刚林、苏开、顾尔马浑、托布戚，负责翻译汉文书籍；库尔缠、吴巴什、查素喀、胡球、詹霸，分工记注本朝政事。汉文人除范文程外，还有宁完我、鲍承先、高鸿中、雷兴、李栖凤、马国柱等人。其中鲍承先、高鸿中、宁完我当时与范文程齐名，同受皇太极重用。鲍承先，原明副将，天命末被俘，天聪三年（1629）由宁完我荐入书房。高鸿中，原明将，可能与范文程同入书房，疑亦系考入。宁完我，贝勒萨哈廉家奴，天聪三年（1629）上疏自荐，令入书房。四人中，范文程、宁完我入关后仍显列荣秩，鲍承先于入关前因病解任，高鸿中天聪末年坐黜。

范文程入书房刚刚一个月，使他初显才智的机遇便临门而至。是年十月初一日，皇太极亲统大军伐明，鉴于明军宁锦防线阻路，后金军从今内蒙古地区绕路奔袭北京。范文程以书房生员身份随军出征。皇太极用兵神速，而且进攻路线出乎明人之所料，所以势如破竹，月底便闯过了喜峰口，十一月初三日攻克遵化城，尽屠城中不降之民。皇太极令参将英俄尔岱、游击李思忠、生员范文程统备御8员、甲兵500人、无甲兵300人留守遵化城，他则挥军奔北京方向而去。此次出征的书房生员还有鲍承先、高鸿中、宁完我。皇太极攻下关内诸城后，命将驻守，配以文臣，鲍承先于迁安，高鸿中于滦州，宁完我于永平。皇太极之所以这么做，后来清人说是为使“文臣习武事”。但天聪朝汉官不这么看，他们称：“窃思我国之攻城破敌、斩将搴旗者，实不乏人，若夫守地治民、安内攘外者，概未多见也。往年遵永之役，得有四城，而随以鲍、高、宁、范分守其地。假使再获数城，即拣择于汉官之中，而仓卒之际，恐难名实称副也。”此段话一方面说明得力的汉族文官之乏人；另一方面也道出了置文臣助守城“守地治民”的本意。关内是汉族区域，与女真人不仅存在语言障碍，而且还有文化障碍。汉族文人饱读经书，深明封建统治制度与统治方式，熟悉儒家文化传统，任用他们，可以补女真贵族之不足，可以使其宣传天聪汗“抚育万民”之德政，更是向广大汉族知识分子宣示后金政权善待汉人、重用文士儒臣的样板。

关于范文程此次随军出征，有误传之事，借此澄清。

其一，崇祯帝错杀袁崇焕。清人著作中，不乏范文程向皇太极献计用间，而致袁崇焕命归九泉的记载。后人不察其真伪，亦云：“皇太极率兵攻打北京时，接受范文程提出的反间计，使猜忌而多疑的崇祯皇帝，一怒之下误杀了袁崇焕，为大清灭明扫除了一大障碍”；“范文程遂向皇太极进反间计，使猜忌而多疑的崇祯误信袁崇焕与皇太极之间已有密约，将袁逮捕下狱，不久处死”。其实，这是严重的误传历史。真相是：占领遵化不久，皇太极稍事布置，兵锋即指北京。

> 十一月辛丑，大军迫燕京。太宗亲营于城北土城关之东，两翼兵营于东北，明总兵满桂、侯世禄来援，至德胜门。宁远巡抚袁崇焕、锦州总兵祖大寿屯沙窝门外。莽古尔泰分兵为三。时敌于右偏伏兵甚众，豪格独趋右偏，败其伏兵，追杀至城壕边。三贝勒阿巴泰、阿济格、多尔衮由正路入击，败敌兵，亦追杀至城壕。先是，获明太监二人监守之，至是副将高鸿中、参将鲍承先遵上密计，坐近二太监，故作耳语云：“今日撤兵计也。顷上车骑向敌，有二人来见，语良久乃去，意袁巡抚有密约，事可立就矣。”时杨太监者，佯卧窃听。庚戌，纵之归。后闻明主用杨监言，执崇焕入城磔之。祖大寿大惊，率所部奔锦州，毁山海关而出。[①]

蒋良骐的记载是正确的。这一阴谋的具体执行者是高鸿中和鲍承先，策划者是皇太极及其身边的文臣武将，究竟是谁首先用反间之计，尚不清楚，但绝

---

① 蒋良骐《东华录》卷 2。

不是范文程则毫无疑问。他尚在遵化，不可能风尘仆仆跑到京外，献计后又匆匆赶回遵化。

其二,《清史稿·范文程传》记载：“文程别将偏师徇潘家口、马兰峪、三屯营、马栏关、大安口，凡五城皆下。既，明围我师大安口，文程以火器进攻，围解。太宗自将略永平，留文程守遵化，敌掩至，文程率先力战，敌败走。以功授世职游击。”这段话经常被人们引用，其实里面漏洞百出。证以太宗朝《满文老档》：十月二十四日，皇太极驻跸老河，命阿巴泰、阿济格率左翼兵，岳讬、济尔哈朗率右翼兵前进，自与莽古尔泰统中路。二十七日，汉儿庄城降，次日，遣降人招降潘家口。同时，右翼军攻克大安口城，招降马兰峪、马兰口城。之后，大军云集遵化城下，十一月初三日克之。可见，潘家口与马兰峪、马兰口城是在克遵化前分别由中、右两路招抚的，范文程一人安可兼顾？再者，范文程是刚脱奴籍，初次以自由人身份随征的生员，既无独领一军之力，更无遣将调兵之权，令其出征，是用其文而非使其武。既克遵化，皇太极命英俄尔岱、李思忠、“范生员”守遵化。十二月二十八日，英俄尔岱遣人奏报营于蓟州的皇太极：“汗招降之石门驿、马兰峪、三屯营、大安口、罗文峪、汉儿庄、郭家峪、洪山口、潘家口及我等后招降之滦阳十一城人俱叛。密云军门及蓟州道合兵夜至遵化，四面夹攻，我兵出城击敌，斩杀甚众，敌不能支，遂却。”天聪四年（1630）二月初，皇太极返驻遵化。二月初二日，“前往三屯营、潘家口、喜峰口、汉儿庄纵火掳掠之叶臣、谭泰、布尔海、龙什及韩岱……范生员及阵获丁副将，斩人五百，招降潘家口”。范文程此次只是随将而往，招降潘家口有可能由他执行，但也有可能是丁副将。此时，范文程无骑可乘，于初六日获赏骡 1 头。初十日，皇太极率军离遵化回返，三月初二日抵沈阳，初十日贝勒阿敏、台吉硕托率兵往守关内四城。适时，驻守遵化城者为总兵武讷格、参将察哈喇、生员范文程，他们于三月底与明军在大安口多次交战，死伤约 300 人，武讷格遂率弱兵羸马先期回沈阳。

皇太极进军北京，第一次留范文程助守遵化，是范文程初立功劳时期；皇太极大队返程，第二次留范文程于遵化，是范文程显功的又一时机。《清史稿》所言范文程之绩，虽有夸张之处，与史实稍左，但皆于取遵化之后得之，则是正确的。可是，范文程因功所得世职为参将而非游击，则不著于后人之文，皆本清代官修传记之误也。据太宗朝《满文老档》：天聪四年（1630）四月十九日，“石门麻总兵官下王参将，遣奸细一人至洪山口参将蔡通所，参将蔡通执之送与我该奸细所携书，乃金游击致石军者，因被擒获，未曾送出。此等情形，系范参将审问时供出。”这位范参将不是别人，正是范文程。五月十三日，“汗谕署理都堂贾维钥、参将范文程曰：‘尔等奏疏，我已亲览，知尔等妥善安置，加意抚养遵化居民，殊属可嘉。我将于今岁速往。尔等其在内居民，加意抚恤，在外未降之民，招抚之。如有诸申侵扰新附之民，则往告驻防诸申大臣，以法惩治。”由此可知，守遵化期间，范文程无论招降安抚还是冲锋陷阵都立有战功，因此被授参将之职。但为什么后来又降为游击？恐与遵永之败有关。

皇太极率大军返朝后，关内四城便处于明军的包围之中，后金军无法立足。五月初九日滦州被攻，援军大挫，贝勒阿敏遂将迁安兵民悉迁永平；十二日滦州守军弃城奔永平，雨夜溃围，秩序大乱，沿途遭明朝军民袭击，损失惨重。阿敏闻信大惊，下令尽屠永平城中新降汉官及百姓，然后率军逃回沈阳。撤军之时，阿敏亦令察哈喇弃遵化，于是遵化守军突围而归，未遭到损失。因此，皇太极重惩败逃诸将时，永平、滦州、迁安守将皆受谴，而独厚遵化一军，但亦属弃城而走，薄惩在所难免，那么范文程之由参将降为游击也就顺理成章了。

范文程以一书生，初入书房便随军出征，且以功应勋，这是他自己都没有想到的。对于战争，他并不陌生，老汗在位时，他参加了辽阳、三岔、西平、广宁等历次战斗，但那是以家主之随奴“皆在行间”。此次转战遵化则迥然不同，范文程小心谨慎，恪尽职守，勇敢力敌，以博女真贵族之好感，终于荣获世职，与自身优裕，并与参将鲍承先、宁完我一道，成为书房汉臣中之佼佼者，为其未来个人才能的进一步显露、事业的发展，创造了条件，打下了第一个基础。

如果说第一次从戎，使范文程获取了“名”，有利于政治地位的提高；那么第二次出征，则为他带来了“利”，其经济地位也开始发生变化了。

天聪五年（明崇祯四年，1631）七月底，皇太极欲取大凌河城，打破明军宁锦防线，再次亲统大军伐明。八月初六日，后金军将大凌河城团团包围，并扫其外围。初十日，贝勒岳讬遣范文程招降大凌河城西山一台，内有生员1人、男丁72人、妇女17人，获马2匹、牛24头、驴21头，“即付范游击养之”。这些降民归范文程后，未必是作为阿哈使用，但他们与那些明朝降官降将不同，需耕田劳作，力事南亩，其劳动成果的一部分，自然是范文程的了，那些牲畜，自然更是范文程的个人财产了。在此之前，范文程真的“养”过人。天聪六年（1632）正月十七日镶红旗王相公上奏皇太极说：“范游击养我王相公，今以大凌河之人与范游击养育，故不能养我。汗若垂怜，乞另赐我田地、男丁养之。”其实，并非范文程养不了他，而是不愿让他在自己门下吃闲饭；就王相公来说，亦不愿长期寄人篱下，自己有田产、人丁，自食自养，岂不更好？

此次出征，范文程还做了一件老百姓认为是“积德”之事：十月，大凌河因食尽援绝，走投无路，总兵祖大寿只好率众献城“归顺”。皇太极正在得意扬扬之时，听说蒙古降兵欲杀死其将叛逃，勃然大怒，要杀死这些蒙古兵。聪明机敏的范文程赶紧觐见皇太极，“从容进说，贷死者五百余人”，避免了一场将会对后金造成严重不利影响的血腥大屠杀。

仅仅一年时间，皇太极对范文程便有了初步的认识：生员考试而识其才，遂留用书房，携带出征，助守城池；从军作战而识其勇，遂破格晋升他参将世职；围大凌河而识其智，遂赐人畜，以斩二心。范文程确实有胆有识，长于勇而善于谋。皇太极是否为发现如此不可多得之臣才而感到兴奋？我们无从得知，但可以肯定，他对范文程是重视的，他不愿再将其羁于被人看不起的“书房”之中，而欲委以要职，进行锻炼，使之发挥更大的作用。于是，范文程开始就职刑部。

后金国家政权机构的发展是在天聪年间。皇太极上台后，为推行文治武功并重政策，并加强中央集权，遂仿行汉制，于天聪五年（1631）用兵大凌河之前，做出了中央机关建置的重大决策。

天聪五年七月庚辰，上集诸贝勒、大臣议，爰定官制，设立六部。命墨尔根戴青贝勒多尔衮管吏部事，图尔格为承政，满朱习礼为蒙古承政，李延庚为汉承政；其下设参政八员，以索尼为启心郎。贝勒德格类管户部事，英俄尔岱、觉罗萨壁翰为承政，巴思翰为蒙古承政，吴守进为汉承政；其下设参政八员，以布丹为启心郎。贝勒萨哈廉管礼部事，巴都礼、吉孙为承政，布彦代为蒙古承政，金玉和为汉承政；其下设参政八员，以祁充格为启心郎。贝勒岳讬管兵部事，纳穆泰、叶克书为承政，苏纳为蒙古承政，金砺为汉承政；其下设参政八员，以穆成格为启心郎。贝勒济尔哈朗管刑部事，车尔格、索海为承政，多尔济为蒙古承政，高鸿中、孟乔芳为汉承政；其下设参政八员，以额尔格图为启心郎。贝勒阿巴泰管工部事，孟阿图、康喀赖为承政，囊努克为蒙古承政，祝世荫为汉承政；其下设满洲参政八员、蒙古参政二员、汉参政二员，以苗硕浑为满洲启心郎，罗绣锦、马鸣珮为汉启心郎。其余办事笔帖式，各酌量事务繁简补授。[1]

六部之设，是后金兴文治、习汉制的一个重要开端，迈出了走出纯军事化统治的第一步。其中刑部的工作颇觉棘手，这时后金国内女真、蒙古、汉民族是人口之主体，虽会于一堂，却各有其千差万别的文明水准、文化传统、生活习俗，各种矛盾与纠纷的产生势在必然。各民族所固有的传统、定罪量刑准则、处理纠纷方式以及贵族阶层的特权与权势，都影响到刑部之折狱审案。在这里工作，的确窒难诸多。

从以上刑部职官任命中，未见到范文程之名，他很有可能是八名参政之一。他在这里就事时间很短，未有建树，但他居人臣之下，其谨小慎微的态度依然如旧。

范文程之改任，对“书房”不无影响。天聪五年（1631）十二月宁完我上奏皇太极，不无忧虑地说：“昨年副将高鸿中出管甲喇额真，臣曾具疏奏留；今游击范文程又补刑曹，谅臣亦不得久居文馆矣。”暗示出对书房前景的担心。大概皇太极也感觉到，自己身边比部院更需要范文程这样的文臣，侍奉身边，不时咨询，以用其谋，出其智。于是，范文程离开了同伴高鸿中，又回到了书房，与老搭档宁完我共事，重新以参将宁完我、游击范文程、秀才马国柱，书房臣鲍承先、宁完我、范文程的名义联名上奏了。

---

①《清太宗实录》卷9。

第四章 太宗谋臣

一、蒙诏陈言

范文程生活的年代有两大突出特点：一是战火纷飞，诸强争雄；二是清朝开基，诸制待建。范文程为当权者出谋划策，主要是围绕着这两个方面。

范文程重返书房未久，便又以文臣侍天聪汗远征了，不过，此次是伐蒙古兼略明边。

察哈尔部蒙古林丹汗曾强盛一时，且敌视后金，成为女真贵族逐鹿争雄的一个重要对手。不打败林丹汗，便不会征服整个漠南蒙古；不征服漠南蒙古，伐明时就会有后顾之忧。于是，皇太极想趁蒙古各部对林丹汗不满之机，拉同伐异，一举而摧折之。天聪六年（明崇祯五年，1632）四月初一日，皇太极兵发沈阳，向察哈尔方向开去，沿途所约诸部蒙古兵纷纷来会，大军渡辽河，在喀喇和硕地方向蒙古诸贝勒申明军律，至西拉木伦，抵哈儿占，训谕蒙古各部，恩威并施。四月二十二日越兴安岭。二十三日，有一蒙古人从察哈尔逃来，称："有二逃人驰六骑往察哈尔，告以天聪汗举兵来征。察哈尔汗大惧，其部在柏兴地方有二牛以上可以携带之人尽携之，遁往库黑得勒苏地方。自大儿湖往，月末可至。"消息走漏，情况突变，是继续追击林丹汗，还是无功而返，还是……在这种背景下，参将宁完我、游击范文程、秀才马国柱联合上书皇太极，提出他们的意见。

汗纠率蒙古君长，又提我国大兵，千里之外，要与叉哈喇定决雌雄。一欲为我藩国报仇，一欲除却心头大患，诚定霸于段，英主作为也。今既已过兴昂、临敌地，叉哈喇闻风远遁，汗之威名已暴天下、已振诸邦矣。行兵到此，其机宜止，况马正疲弱，军士餍额，人情如此，天意可知。古有云："穷兵远征，有干天和。"又云："不得已而起之者，谓之义兵；义兵之举，人和天顺。"《素书》云："设变致权正此时此机也。"汗其夺之。汗若肯纳狂瞽之言，放下西念，定必南入；臣等已知汗无意于京师，今故略而不言。此时急着，惟在山海，若从独石口入，距山海不满五六百里；若从密云、蓟镇而入，其道更近矣。汗虽不肯攻城，夺取水门，东西夹围，内多四方杂处之人。其城未经战攻，且城垣凋敝，西面更甚。南关、西关，居民房舍数倍于城内，无墙无壕，可以屯我兵众。且城中无水，有井不过数眼，水若易竭，素日所汲者，乃西关河渠之水。渠边尽是房舍，城头炮大，不能近身，我兵逼住西关，城门必不敢开，守住此水，城中绝饮，似此炎天能延几日？不须半月，山海必得。细询之凌河降将，万无一失者也。汗如以臣等之言为迂远难行，不如寝南入之念，徐徐归国，喂养马匹，俟秋成再举可也。念臣等所以愿素手空回也，臣等蒙汗殊恩，即投汤蹈火何知趋避。今日此奏，实为汗献成算，若汗疑臣等柔弱，殚劳思家，臣等固不足惜，但恐进言者因汗疑忌而结舌，自大贝勒而下，无敢进言者矣。况这番出兵，有卖牛典衣、买马制装、家私荡然者，今若穷追于二千里之外，富人有马者能前，贫人马疲者落后，及得叉哈喇百姓，富者未必获，贫者已独苦，似此举动虽胜何益也？汗若再追叉哈喇十数日，得之则已，不得则入宣、大地方，臣等以为此计未善也。不知离家益远，收拾益难，见财不取，军心怠矣；取而驮载，又蹈覆辙矣。汗若说："我禁掳掠，谁敢捏取？"然汗目及见、耳及闻者或不敢犯；汗目不及见、耳不及闻者，则臣不敢保矣。无论蒙古君长及各贝勒大人，稍看杀掳扰害之事，天下之人，怨心恶名，萃归于汗矣。此汗所当深思者也。与其以长驱疲惫之兵入宣、大，孰若留精锐有余之力取山海。山海乃聚财之所，富庶过于宣、大，以理取之，尽可以大赉军卒，此通流彻源着数也。山海一得，祖帅自率大众来归矣。然取山海一着，臣等明知大拂汗意，但臣见主于此，自不容钳口也。

这篇千言奏文日期是四月二十四日，即获悉林丹汗遁逃的第二天。此文很少被后人引用，可能是因皇太极并未进击山海关，最终还是去追击林丹汗的缘故。但在当时，该文至少在两个方面发挥了一定作用：第一，有助于提高宁、范、马在皇太极心中的地位。通过奏文使皇太极看到，这几个文臣平时非常留心对敌情的了解，如对山海关形势的细致描述与分析；他们对后金军的状况、处境相当清醒，对皇太极的内心动态、用兵意图窥探甚明；而且，他们并不仅限于考虑目前之患得患失，而是将问题放到既定的战略目标中来考虑，他们富于宏谋远略，堪称辅汗运筹帷幄之才。从此以后，皇太极便经常就一些军国大事主动征求他们的意见，书房诸汉文臣之工作，不再局限于“跑腿学舌，划表勒格”了，他们有了更多的建言陈谏、显露才华的机会，以供皇太极别贤辨庸，也是宁完我、范文程等人地位上升的基础条件。第二，有助于皇太极部分改变行动方向。宁、范、马上奏的当天，皇太极命调回先头部队，并下令：“察哈尔断不能抵挡我军，我追彼，彼即向外逃，且我马疲粮尽，如今赴柏兴可也。”他虽未明言放弃追击林丹汗转而攻明，改变进击方向似乎是为了解决“马疲粮尽”的问题，我们没有理由对此加以否定，但皇太极已有攻明之意，亦是应当肯定的。二十八日，从被俘之察哈尔人口中得知“察哈尔部左界与喀拉莽鼐之境相接”，皇太极遂又召集诸贝勒会议，最后决定：“罢征明之师，往征察哈尔。”由此而知，二十四日后、二十八日前，后金军确有过攻明之意，导致这种变化的因素固然很多，宁、范、马之奏虽不能说是主要因素，但其促进作用则是不可视而不见，应当予以考虑的，只是情况再次遽变，后金军复存原议。

但是，皇太极决心仍不坚定，尚处于游移之中。五月十一日，他召集诸贝勒、大臣大会于汗帐，问大家："我等原为征察哈尔而来，察哈尔不能御而遁走而追之无及。今我兵马疲惫，引军还沈阳，以俟再举为佳乎？抑先往蒙古柏兴地方，复入明境为善耶？二者孰便，尔诸臣定议以奏。"诸贝勒、大臣经讨论，回答皇太极："此来已近明境，即赴柏兴地方，复入明境，以图大事为善也。"于是，皇太极终于决定，兵锋指向柏兴，取归化城（今内蒙古自治区呼和浩特市），然后入明边。

五月二十七日，后金军占领柏兴，皇太极驻营归化城。此时，后金大军长途跋涉，人疲粮竭，后勤供应严重短缺；察哈尔林丹汗早已远遁，继续遣军千里奔袭，已势所不能；长期滞留归化城一带，亦非善策；从原路退回家乡，空手而返，无所掠获，不惟将怨兵馁，且名利两失。当时，全军上下急不可待，皆欲深入明境大掠，以饱其囊，对此，皇太极亦不反对，甚至比将士们更有积极性。但他毕竟是一国之君，对所有的问题都要顾全大局，通盘考虑，即如掠明，亦得出师有名，"名正言顺"方不为天下耻笑。为此，皇太极向明朝边官挑衅，致书沙河堡驻守将领，令其送还避入明境的察哈尔人及其财产。沙河堡明官大恐，急将逃入堡中之察哈尔蒙古人及赏察哈尔汗之财物全部交出。皇太极的挑衅失败了，但众将士劫掠之火未熄，不饱其欲则如何返程？皇太极智拙计穷，进退维谷。左右为难之时，他想起了侍奉身边的书房文臣，遂令他们商量主意。六月初五日，宁完我、范文程、马国柱向天聪汗提出对策：

昨日，汗命我等筹度此事。臣等虽愚，今竭所知以闻。沙河堡官员将由此逃入其地之民，查还我者，是头紧顾头之意也。昔也，察哈尔征之，彼尚不敢少抗，岂敢抗我乎？汗遣人宣谕，彼不敢少违，速为依允，汗有不欲加兵之意。是诚动与义合，克成大业之志也。今观我军情形，不论大小，皆贪明人财货，有必欲内入之心。如欲内入，汗当预为筹划，决定方略。稍有怠忽，以致临朝难处也。如今汗率大军来此，如轰雷贯耳。沿边一带，尽行收敛，于各地皆有防备。我兵一入，即遇明兵则罢；倘其退守各城，彼近边庄屯，地瘠民穷，我军即内入，止可瘦我马匹，于我军毫无裨益。若徒手而还，复似蒙古而名利两失矣。果欲内入，理当直抵北京，讯其和否，早为决断，毁山海关水门归家，以示我军威力无敌于天下。至进军之路，由雁门关入为便。此路，敌无援兵，民富物丰，可以饱我军士。汗有内入之意，又恐败坏名声，无隙可乘，如何深入，臣等于不可之中，求其可者，有两计焉。两计：一为明显之计，一为寻衅之计。所谓明显之计，当宣谕沿途城池人民，言逐察哈尔汗远遁，尽收其柏兴地方居民。若令降民徒步以归，则路遥难到达。顺便来此与明帝议和。今借尔马、骡、驴令降民乘之以归。俟我与尔帝议和事得成，将尔马、骡、驴，照数偿还。若我屡欲议和，而尔帝不从，我必兴师，蒙天眷佑，以尔地方归我，诸凡尔受苦之民，蠲免赋税，赡养数年等语。此一计也。

议者谓此语欺天。皇天无私，唯德是辅。果能正百官，抚养万民，即终日说做皇帝，天必不见怪；若无仰合天意之善心，虽不说做皇帝，天亦不能佑助之。所谓寻衅之计者，应当写书与近边各官，烦彼替我讲和，限以日期，彼朝臣势必纷扰，守边各官不敢担当讲和之事，不免诡计耽延。彼时乘隙而入，任我所欲为矣。汗欲入，则深入为佳；不入，就此班师为善。若半途而还无益也。乞汗深思。[1]

宁完我等人可谓计诡谋阴，献天聪汗之策称得上是万无一失。他们深知，明崇祯帝不会赞成和谈的，地方官员不敢承此重任以冒风险，必上下推诿，逾期则后金军出师有名；明朝不接受和谈，更是酿鸩自饮，战争的肇端者反而成了受害的明朝。耐人寻味的是，宁、范、马提出以“和”为幌子寻衅讨明之建议的同时，又不失时机地以“皇天无私，唯德是辅”之说教，非常策略性地向皇太极提出规劝，暗示其应树称帝之志，要“正百官，抚养万民”，要有“仰合天意之善心”。此奏递上，立解皇太极之困，所以“上深嘉纳之”。这篇奏疏，对天聪汗的决策直接发挥了作用，以鲍承先、宁完我、范文程为代表的一班书房汉族文臣也就愈益受到皇太极的信任。

自察哈尔归来后，皇太极询及书房的问题越来越重要，不再仅仅是用兵之策、伐明之计了。如西征的当年年底，皇太极将书房儒臣与六部启心郎召集

---

①《满文老档》汉译本。

内廷，对启心郎们评价、训斥了一番，并要书房儒臣提出考察启心郎优劣的办法。鲍承先、宁完我、范文程遂对这一重大人事问题应诏陈言：考察之法，必须功罪得理，访问得法，贤者得进，奸宄不致冒滥。现在皇上令考问六部启心郎之好坏，如果只是询及本部贝勒大人，又徒成虚事，必不真实。皇上设启心郎的目的，是为检举不公不法之事，今若问之于本部贝勒大人，访之于私佞不公之辈，必然遮饰回护，互相私庇，所以，访问之法不足取。设立启心郎已一年有余，各部启心郎以公道而建言，便是替朝廷干事；如果一年之间，钳口不言，袖手旁观，就是不替朝廷干事。既有建言，也要分辨出实心为国者与巧计塞责者，以此作为黜、用之标准，只有这样，才能得到真才正人。

除此之外，见载于清代官书的皇太极征询书房事件还有：天聪九年（明崇祯八年，1635）正月，令宁完我等三人推荐会讲女真语的本分之人。同年年底，命书房满汉儒臣对莽古尔泰等阴蓄异谋一案提出处理意见；就是否应正尊号、称皇帝，征询于汉儒臣，等等。范文程与女真文臣常常相处于书房，他练就了很好的满语文水平，这就使他与统治者上层交流自如。

天聪年间，范文程不仅助君运筹于戎马之中，而且对后金“文治”建设亦有建树。例如，人才问题。范文程首先提出通过办学、考试制度来培养、选拔人才，这是他对后金的重要贡献。明末清初史学家谈迁说：“满洲兴学，倡于范文程。”当时所设学塾，即附于书房内，学生多为辽东诸生，也有从关内掠去的青少年。天聪八年（明崇祯七年，1634）三月，考试汉族生员，按成绩分列三等，一等16人，二等31人，三等181人。同月，礼部奉命考取“通满洲、蒙古、汉书文义者”为举人，取中刚林、敦多惠、查布海、恩格德、宜成格、齐国儒、朱灿然、罗绣锦、梁正大、雷兴、马国柱、金柱、王来用、俄博特、石岱、苏鲁木等16人。通过考试，后金政权收拢了一批知识分子，他们中不乏佼佼者，活跃在清初政治舞台上。此外，在范文程倡学的推动下，也是为适应形势发展的需要，八旗内各旗都有了汉族生员教师，教授汉文，汉语文呈现走向普及的苗头。天聪六年（明崇祯五年，1632）九月，任八旗教习汉文的生员有：正黄旗黄昌、舒芳，镶黄旗董世文、孟继昌、刘泰，正红旗吴义宁，镶红旗陈楚贤、水英卓，正蓝旗于跃龙、李度，镶蓝旗刘养性、王世选，正白旗齐国钟、霍应选，镶白旗董敬书、李维焕。平均每旗2人，皇太极准每人免2丁之徭役。

范文程不仅提倡培养、选拔人才，而且对保证人才质量非常重视，甚至直谏不讳。天聪九年（明崇祯八年，1635）二月，皇太极发布了一条要求百官荐举人才的诏令：“朕惟图治以人才为本，人臣以荐贤为要。尔满、汉、蒙古各官，果有深知灼见之人，即当悉行荐举。所举之人，无论旧归、新附，及已仕、未仕，但有居心公正、克胜任使者即呈送吏部，有通晓文艺、居心公正、足备任使者，即呈送礼部，该部贝勒奏闻，朕将量才录用。天下才全德备之人，实不易得，但能公忠任事者，其速行荐举。”皇太极求贤若渴，急不可待，他觉得考试选拔还不能适应形势发展的需要，并且，还有许多贤良公正之人散在民间，有才全德备之人身居末弁而未见重用，值此开基创业之时，人才之得，贤能之用，直接关系到事业的成败、国运之兴衰。因此，由百官荐举其所知，再加选拔，量才录用，不仅可使英雄出于草莽，亦可令明朝之贤良纷纷来投。果然，上谕一下，举国鼎沸，吏部、礼部门前车水马龙，有顶戴之官僚，有素服之布衣，各怀心态，推己所知。这其中，确实不乏公忠体国、荐贤举能者，但鱼目混珠者亦不为鲜。尤其是汉官中，这时有天命及天聪初年之“旧汉官”，大凌河城降附之“大凌河诸将”，随孔有德、耿仲明、尚可喜来投之“新附汉人”，他们攀援结党，各成集团，你举我推，互相吹捧。尤其是“大凌河诸将”与“新附汉人”，沾亲带故，分群聚类，借皇太极求贤之上谕，达本集团营私之目的，引起范文程、宁完我等“天命旧人”的不满。范文程没有沉默，他及时上疏，提醒皇太极要“严核保举”：

顷汗下谕，举荐贤能，中外臣民，无不欣幸。然汗意以为各举所知之人，为国家效用。谁知我国之人，竟藉此为党援之门，驵会推其驵会，游民推其游民，贪杯者即举饮朋，好赌者即举赌友，又有意朋比故参一二优者于其中，以饰人耳目，或昵于亲故，迫于嘱托，明知其人非贤，不得不以过情之词谬为夸许，独不思汗勤求治道之意，而乃妄举若此也。如今即有一二忠直之臣欲举贤能，因见其滥举如此，亦灰心而不肯举，即有一二忠正之士，欲应其举，因见其滥竽如是，亦灰心而不肯应。遂将汗收罗贤才之美政，反为宵小幸进之阶梯。目前考选之时，须斟酌收用。若不如此，恐于国计民生，关系不小。即曰有法，然事败之余，国事已坏，虽寸斩何益？故与其惩于既用之后，不如慎于未用之先。然欲精核其所举之人，尤当并核举人之人。其举主果然公正，则所举之人必是贤者；若举者素履非善，则所举者亦非善者也。今虽不用古昔连坐之法，然亦当少惩其妄举匪人者。至于所举者果善，后有成效者，则其举主，亦当给与纪录。伏乞汗鉴昭施行。[①]

与此同时，宁完我也上了一道与范文程言殊意同的奏疏，二人遥相呼应，都主张不仅要核查被举荐之人，而且还要考察推举之人，将被举之人之政绩与推举之人联系在一起，实行功罪连坐法，荣辱与共，赏罚俱受，使推举之人慑于法之所在，不敢妄举非贤，滥荐私人。皇太极接受了范文程和宁完我的建议，批准实行，这对减少荐举人才中之各种营私舞弊行为起到了积极作用。

范文程自以武功获“游击”之职，其在书房中之地位仅亚于鲍承先、宁完我而列诸汉儒臣魁首之行以来，无论是在炮火连天的战场，还是于文山牍海的书房，都渐渐显出他与众不同的才华与品行，颖敏聪慧的文韬与武备。小心勤谨于大汗之前，慎言独行于群臣之中，使他愈益受到皇太极的器重与信赖，也

①《清初内国史院满文档案译编》上册，天聪九年二月十六日。

得到了书房同行的尊重与配合，为他出领儒臣之衔奠定了基础。

二、秘院首揆

天聪十年三月初六日（1636 年 4 月 11 日），后金群臣齐集大殿，听大汗发布新的上谕：

改文馆为内三院，一名内国史院，一名内秘书院，一名内弘文院，分任职掌。

内国史院职掌：记注皇上起居、诏令，收藏御制文字。凡皇上用兵、行政事宜，编纂史书；撰拟郊天告庙祝文及升殿宣读庆贺表文；纂修历代祖宗实录；撰拟矿志文；编纂一切机密文移及各官章奏；掌记官员升降文册；撰拟功臣母妻诰命、印文，追赠诸贝勒册文；凡六部所办事宜可入史册者，选择记载；一应邻国远方往来书札，俱编为史册。

内秘书院职掌：撰与外国往来书札；掌录各衙门奏疏及辩冤词状、皇上敕谕、文武各官敕书，并告祭文庙、谕祭文武各官文。

内弘文院职掌：注释历代行事善恶，进讲御前；侍讲皇子，并教诸亲王；颁行制度。

同时，皇太极任命希福为国史院承政，范文程为秘书院承政、大学士，刚林为国史院承政、大学士，詹霸为秘书院学士，恩格德为秘书院举人。

书房儒臣文生，个个喜形于色，他们早就对“书房”这一俗称不满，而且衙非衙，署非署，名不正言不顺；文臣们要么以武衔称“参将”“游击”，要么为“秀才”“生员”，无文臣名号，无儒林之尊。现在，虽品级较六部低一等，地位亦无法与明朝之内阁相埒，更不会成为权力显赫的辅弼重臣，但毕竟有了“名分”，体制也更加尊崇了。

此时，范文程虽然极力掩饰自己，可是，无法抑制内心的激动。到书房七年来，他勤勤恳恳，侍汗得当，所以皇太极称赞他“不负委任，克尽厥职，忠直可嘉”，并非夸耀之词。这一年，范文程刚好40岁，正是年富力强之时，他以旺盛的精力，孜孜不倦地充分“发挥”着他的老谋深算，因而赢得了皇太极的垂宠。

对皇太极来说，设立内三院并非难事，但非常重要，因为这是他登基称帝一系列措施之一。自远征察哈尔归来后，皇太极加紧了国政建设的步伐。天聪九年（明崇祯八年，1635）二月，皇太极命多尔衮统兵前往黄河以西，寻找林丹汗的儿子额哲及其部众，此时林丹汗已病死于青海。四月双方相遇，额哲束手归降，并交出历代传国玉玺。自获得这块至宝后，后金国内沸沸扬扬，一片劝进之声，请求皇太极上尊号称帝，当然也少不了书房中的儒臣文生。十二月二十八日，诸贝勒对天起誓，表示坚决效忠于皇太极，皇太极放心了，准备登基。但皇帝是“万国之主”，与“统辖万民”的一国之汗不同。汗仅炫耀其武功，亦可说得过去，如历史上的颉利可汗、成吉思汗、俺答汗之类；帝，尤其是一朝开国皇帝，不仅要以武功开万里江山，以文治兴万世之业，还要建立一定规模的国家政权机构，制定严格的等级制度、约束万民的法律制度……内三院就是在这种背景下诞生的，所以说它是皇太极称皇帝、建大清的产物。

天聪十年（明崇祯九年，1636）四月，皇太极正式即皇帝位，改元“崇德”，国号“清”，从这年五月起，就改称“崇德元年五月”了。“主晋臣荣”，照例要赏赐群臣一番，还要定其品级，以示尊崇。崇德元年（明崇祯九年，1636）五月初三日，由吏部睿亲王多尔衮主持考试文人，奏报皇太极裁定，升三等甲喇章京[①]、内国史院承政希福为二等甲喇章京、内弘文院大学士；三等甲喇章京、内秘书院承政范文程为二等甲喇章京，仍为内秘书院大学士；二等甲喇章京鲍承先，为内秘书院大学士、举人；内国史院承政刚林为牛录章京，仍为内国史院大学士。“其顶带、服色，及随从人役，俱与梅勒章京同。”罗硕、罗绣锦为内国史院学士，詹霸仍为内秘书院学士，胡球、王文奎为内弘文院学士，“其顶带、服色，及随从人役，俱与甲喇章京同”。内秘书院举人恩格德“仍同九人入内院办事”。至此，内三院职官任命方告完成。内国史院、内弘文院皆一满大学士，独内秘书院二汉大学士。崇德三年（明崇祯十一年，1638）七月鲍承先改任吏部右承政，汉大学士仅余范文程一人。论资格，除希福外，

① 天聪八年（1634）皇太极改定满语称官名，副将为梅勒章京，一等、二等参将分别为一等、二等甲喇章京，游击为三等甲喇章京，备御为牛录章京。

无出范文程之右者。希福在天命年间即侍努尔哈赤左右，属“两朝老臣”，有着丰富的实际工作经验，办事稳妥，故受皇太极之眷宠。刚林虽早就在书房从事翻译，但天聪八年（明崇祯七年，1634）才考中首科举人，他长于钻营，趋炎附势，精通满、汉语文，有些文才。兼其是“书房旧人”，其升为大学士亦在情理之中，只是扶摇直上，迁升过速，令人侧目。内秘书院中，学士詹霸曾与刚林一同任职书房，记注本朝政事，后与鲍承先同时离开内秘书院，改任兵部启心郎，由额色黑（又作额色赫）继任，额原任兵部理事官。恩格德与刚林为同科举人。

任大学士后，范文程工作更加认真、谨慎。一方面，他不仅要处好与汉人同僚的关系，更要防止与满洲官僚产生矛盾。随着明朝的日益土崩瓦解、后金（清）的迅速壮大，明朝官将投降、归顺者不绝于途，皇太极对他们采取优遇政策，引起部分满洲贵族的不满。多罗贝勒罗洛宏便公开抱怨：“恭顺王、怀顺王、智顺王肥马华屋，而我之兵马，何独羸瘦？”立即有人随声附和：“昔太祖诛戮汉人，抚养满洲；今汉人有为王者矣，有为昂邦章京者矣。至于宗室，今有为官者，有为民者，时势颠倒，一至于此。”这种不满情绪，很容易转化为逆反心理，导致统治阶级中民族矛盾的激化。有一件事，可以看出范文程的处境。范文程家人康六在镶红旗汉军任章京，获银 1000 两，多罗贝勒罗洛宏家人都伦强夺之，康六遂向梅勒章京孟乔芳、牛录章京王元爵控告，两位汉官哪敢举发贝勒家人？未受理，后讼于部，乔芳、元爵被定罪。康六虽有官职，银亦遭抢，这既是满洲贵族对汉人的歧视，也是罗洛宏一类对皇太极优遇汉官不满者向范文程发出的挑衅信号，“范大学士”只能默然处之。另一方面，范文程是鲍承先改调他任后唯一的汉大学士，且受皇太极的器重。在“伴君如伴虎”的年代，他服侍皇帝左右，稍有不慎，岂止身首异处？他必须极其小心，不要触犯以诸王、贝勒为代表的满洲贵族的利益，他们享受种种特权，一般都有统兵之权，与皇太极的关系错综复杂，不能不防患于未然。

由于范文程是唯一的汉大学士，许多需要汉大学士参与其中的重要活动，非他莫属，所以他的工作有时也就无“分内分外”之别了。例如，册封：崇德二年（明崇祯十年，1637）七月，皇太极特赐范文程、刚林一品大臣，前往蒙古科尔沁部，册封和硕公主及和硕亲王、多罗郡王妻等；册封“三顺王”之妻时，亦是范文程率人前往。祭典：祭福陵时，满、蒙表文读毕，汉表文由范文程跪读。传宣诏令谕旨：向汉官宣诏传令，更是范文程少不了的工作，如令孔有德、耿仲明出兵东征，谕训都察院承政祖可法、张存仁等。随帝出征：崇德元年（明崇祯九年，1636）底，皇太极亲统大军讨伐朝鲜；崇德六年（明崇祯十四年，1641）又亲临锦州前线，范文程皆随往，其间皇太极与朝鲜国王、明将祖大寿的交往文书，可能大部分是范文程执笔的。审奸细：明将遣人至孔有德、耿仲明等汉将处策反，被擒获，由希福、范文程二人奉命亲自审讯。临时考试：正白旗生员刘奇遇、刘弘遇上奏请恩，皇太极命范文程、希福、刚林考其优劣，大学士们以刘弘遇可用为文职入奏，弘遇遂被授为弘文院副理事官。

以上诸类事务，大者小者皆有，职内职外并存，但都不是非常重要的。崇德年间范文程参与的重要决策工作，仅见于《清太宗实录》者即有以下诸件。

第一，官员任命与国家机构改革。皇太极称帝后，清朝国家机构尚不完善，各部门责、权还有待明确划分，行政效率亦须提高，各级官吏更非用人得当、人尽其才。饱读经书、具有深厚的儒学修养的范文程，熟悉历代典章、各朝掌故，对清王朝国家机构的完善遂发挥了积极作用。

崇德三年（明崇祯十一年，1638）七月，皇太极命范文程主持商讨户部承政、启心郎的人选问题，范文程遂同支部承政阿拜以及色勒、祖泽洪、鲍承先等人会议，拟定邓长春为户部承政，张尚、苏弘祖为启心郎，上报皇太极，获准。

不久，范文程等人又提出对六部、都察院、理藩院的改革方案。此前，六部、二院的官制非常简陋，只有承政、参政二等（启心郎不计），即以六部而论，每部设管摄部务贝勒 1 人，承政 4 人（满洲 2 人，蒙古、汉各 1 人，唯吏部满洲 1 人，刑部汉 2 人），参政 8 人（唯工部满洲 8 人，蒙古、汉各 2 人，共 12 人），启心郎 1 人（唯工部满洲 1 人外，又设汉启心郎 2 人），分工简单，职责不明确。于是，范文程、希福、刚林等奏请，每衙门只宜设满洲承政 1 人，以下酌量设左右参政、理事、副理事、主事等职官，共分五等。皇太极同意了大学士们的建议，命管吏部和硕睿亲王多尔衮“更定八衙门官制”，于是形成了承政—左、右参政—理事官—副理事官—主事等五等官的新体制（入关后，依次更名为尚书，左、右侍郎，郎中，员外郎，主事名称未变），其上有诸王，其下有启心郎，依旧（两院除外）。多尔衮更定官制过程中，少不了大学士们，尤其是范文程的赞襄参与。新体制有利于诸衙门官吏各司其职，责任分明，褒贬有度，黜陟有序，使封建官僚机构更加健全。

第二，参与汉军的扩建工作。汉军八旗，经历了组建—扩建—完备的过程。天聪五年（明崇祯四年，1631）正月，皇太极命佟养性管理“汉人军民一切事务”，被视为汉军旗组建之滥觞，但当时称“汉兵”“旧汉兵”，并无“汉军”之称。天聪八年（明崇祯七年，1634）五月皇太极发布上谕，定“旧汉兵”之名为“汉军”，满语译音为“乌真超哈”。此后，汉军人数不断增加，总兵官管辖不力，崇德二年（明崇祯十年，1637）七月，遂分汉军为两旗，以昂邦章京（即总兵官）石廷柱为左翼一旗固山额真（后定汉名“都统”），昂邦章京马光远为右翼一旗固山额真。

崇德四年（明崇祯十二年，1639）初，清军进攻锦州、松山一带，皇太极以汉军作战不力为由，六月初四日集汉官于笃恭殿，命大学士范文程、希福、刚林等传谕，历数石廷柱、马光远等人之罪：“今年往锦州攻松山城时，尔等言红衣炮子已尽，遣将士还家复取炮子。比取至，又云用尽。今闻炮子犹有余剩，令士卒驮回。且尔等所铸炮子，杂以恶铁，中外熔炼不匀，以致方出炮口辄即逆碎。玩误军机，莫此为甚。况取炮子时，用士卒马匹驮去，今又驮回，岂非故意疲敝士卒马匹乎？令尔等尽所有炮子，用红衣攻城，则云用尽，今又剩回，岂非恐伤城中汉人乎？”皇太极又翻出旧账，数落汉官们以前之罪过，并于众汉官叩首谢罪后宣布：诸臣之罪尚可宽免，唯固山额真石廷柱、马光远法不宽贷；从前获罪免死之金玉和、金砺、吴守进、石达尔汉（石廷柱侄）、郎绍贞等，既不图功自赎，嗣后着与石廷柱、马光远同在家闲居，若欲往明或蒙古、朝鲜，听之，去时奏闻即可。看来，皇太极确实动怒了。之后，刑部遵旨议定：石廷柱应没收家产三分之一，马光远应论死罚赎。皇太极命免籍石廷柱家，罚银 200 两；马光远冒昧无知，免议。

以此为背景，皇太极决定削弱石廷柱、马光远的权力，遂命大学士希福、范文程、刚林率同户部承政英俄尔岱、吏部启心郎索尼等，赦免石廷柱、马光远之罪，分汉军二旗为四旗。每旗 18 牛录，设固山额真 1 人、梅勒章京 2 人、甲喇章京 4 人。分别以马光远、石廷柱、王世选、巴颜（抚顺额驸李永芳子）为四旗固山额真。于是，汉军旗析，石、马权削，汉军高级将领中因此而不会产生拥兵自重、势力膨胀的现象。崇德七年（明崇祯十五年，1642）六月，皇太极复析汉军四旗为八旗，以祖泽润、刘之源、吴守进、金砺、佟图赖、石廷柱、巴颜、李国翰为固山额真。至此，八旗汉军旗制大体完备，为入关作战打下了基础。

在汉军从二旗析为四旗，至旗制大体完备过程中，范文程的作用是不可忽视的。他不仅与满洲大学士一道去执行皇太极的命令，而且析旗分弱将权的主意，乃至额真、章京之人选，都少不了范文程的参与谋划，或者策略性地对皇太极施加影响，因此他对汉军八旗体制逐步走向完备，是有着积极的客观作用的。

第三，为皇太极以法约束诸王提谏上言。在女真族兴起、壮大、开国过程中，努尔哈赤的子孙们既冲锋陷阵，战功卓著，为后金（清）的建立立下了汗马之劳，同时个人势力亦随之发展起来。他们大多是八旗旗主，拥兵自重，自行其是，是加强中央集权的对立因素。当这些矛盾表现出来时，范文程从皇太极、从封建国家的利益着想，根据不同情况，及时向皇太极提出谏言。

崇德元年（明崇祯九年，1636）底，刚刚建立的大清朝举兵征伐朝鲜及皮岛。清军纪律涣散，掳掠抢劫，“王以下，诸将以上，多违法妄行”。和硕礼亲王代善次子、固山贝子硕讬，是著名的花花公子，他们掳得三名妇女，隐藏起来，事被多罗武英郡王阿济格得知，“索视”，将其中一位相貌合意者留为己用；硕讬以获两名之数谎报于和硕睿亲王多尔衮，多尔衮取之，分送给英俄尔岱、马福塔。这三人是江华岛朝鲜“降民之妇”，而此岛当时是朝鲜王妃、王子、部分阁臣的逃避之所，投降后又被清军将领掳掠，消息传出，自然影响极坏。大学士希福、范文程、刚林听说后，急忙联合谏阻，被掳妇女才得以遣还，防止了有损于“大清”声名之影响的扩大，对清兵军纪的败坏亦有所警告。归国后，代善、济尔哈朗、多尔衮等人，均被法司分别议罪，受到惩罚。包括范文程在内的三位大学士，对皇太极以法约束皇族亲贵、满洲贵族，起了积极作用；间接地，也使他们放荡不羁之行为有所收敛。

崇德五年（明崇祯十三年，1640）底，皇太极命和硕睿亲王多尔衮、和硕肃亲王豪格（皇太极长子）等人率将士之半，前往围困锦州。多尔衮等不遵谕令，离锦州城远驻，并私遣甲兵轮流还家。皇太极闻知，大怒，次年三月多尔衮等换防归来，皇太极下令：出征诸王、贝勒、贝子、公、固山额真、梅勒章京、护军统领、议政大臣以上等官，俱不得入城，并遣内大臣图尔格、固山额真英俄尔岱，大学士范文程、希福、刚林等人，往讯多尔衮等遣兵归家、离城远驻之故，训斥其“轻视朕命”，命降多尔衮、豪格为郡王，始令入城。但当多尔衮等至议政衙门办事时，皇太极又命希福、范文程、刚林等人将其逐出门外。多尔衮、豪格等人命大学士范文程、刚林，学士额色黑代奏皇太极，请求带部属人员赴军营立功赎罪。这是向皇帝认错的表示，皇太极却怒斥道：轮到你们驻防时，竟然离城远驻，任意田猎行乐，现在让你们回家享清福，你们还想趁人之功，掩为己有吗？至此，君臣关系骤然紧张起来。这下可难为了范文程，他既受诸王之托，不能不替他们说情，岂敢得罪他们？但皇太极余怒未消，谏言难进；而且君臣关系如此紧张，会损及国政，必须使皇上适可而止。于是，范文程与刚林、额色黑协商后，共同启奏皇太极：“前锦州撤回诸王、贝勒及诸大臣，违命离城远驻，任意田猎，怠玩从事，上怒之诚是。但国中诸王、贝勒、大臣，半皆获罪，不许入署，又未获入觐天颜。臣等思伊等回家日久，复近更番之期，各部事务，及攻战器械，一切机宜俱误。望皇上少霁天威，仍令入署办事。”皇太极当时未答，隔了一天，召范文程等三人进清宁宫，对他们说：你们集获罪诸王、贝勒、大臣等于笃恭殿前，传朕之命，令他们各入署办事，不可怠惰。不许入大清门，如遇朕出，亦不许随行。并不是朕讨厌他们，不令相见，但他们来见，朕无言可问，他们也无言可答，朕将托何辞以问，他们又托何辞以答呢？如果静默相对，实在是没有什么意思。范文程等人见皇太极大怒已去，心中暗喜，遂得寸进尺，又奏请："获罪诸王、贝勒等，俱系皇上子弟，既已训诫宽宥之，令其入朝会公所，未知可否？"皇太极摇了摇头。一度紧张的君臣关系，终于缓和下来。后又经范文程等人从中斡旋，皇太极同意多尔衮等人进大清门入朝办事。一个多月后，多尔衮、豪格又率大军驰赴锦州，八月与明蓟辽总督洪承畴大战于松山、杏山，获捷而归。

在这次波折中，范文程肯定了皇太极依法惩治违命诸王之正确，但不赞成其不许入署办事以致贻误国家政务的做法。他奔波于多尔衮、皇太极之间，俯首折膝，费唇磨舌，终于成功地调解了君臣之间的矛盾，既提高了皇太极帝王的权威，也以封建王法约束了八旗将领，更显示出范文程过人的机智。

第四，坚持科举取士制度。身为儒臣，范文程深知开科取士、以知识选拔国家所需人才的重要性。所以崇德后，他积极建议设科取士，以"储任使"。对此，君臣二人是心有灵犀、见识一致的。崇德六年（明崇祯十四年，1641）六月，范文程联合希福、刚林，奏请于满、汉、蒙古中考取生员举人，皇太极从容谕之曰："忠经有云：在官惟明，莅事惟平，立身惟清。听不可以不聪，视不可以不明。清则无欲，平则无曲，明能正俗。聪则审于事，明则辨于理。"

并叮嘱三位大学士：你们要好好领会我这话的意思，从公考校。

崇德年间，曾两次开科。第一次是崇德三年（明崇祯十一年，1638）八月，中试举人有罗硕、常鼐、胡球、阿际格毕礼克图、王文奎、苏弘祖、杨方兴、曹京、张大任、于变龙等10名，授半个牛录章京品级，其中王文奎、杨方兴是书房时期范文程的老同事。取一等生员15名，二等生员28名，三等生员18名，授护军校品级。第二次即崇德六年（明崇祯十四年，1641）七月，中试举人有鄂谟克图、赫德、杜当、崔光前、卞三元、章于天、卞为凤等7名。取一等生员12人，二等生员15人，三等生员18人。这两次考试，都由大学士考校，熟悉科举制度的范文程赞画尤多，在他的努力下，“得人甚盛，先后多奋庸者”，为大清王朝延揽了一批人才，使官吏选拔制度走上封建正规化道路，适应了完善中央集权制的需要。从兴学培养人才，到科举选拔人才，范文程对落后的东北地区，对清王朝（入关前）文化之兴起、教育之发展所做出的杰出贡献，是不该泯灭而应被后人牢记的。

附带提出，皇太极此时则趋向于保守。在清朝第一次科举考试的当年，即崇德三年（明崇祯十一年，1638）的正月，都察院承政祖可法、张存仁上奏，请允许奴仆参加考试，果有中额者，另以人换之出，作为对家主的补偿。皇太极看罢，怒气冲冲，令范文程、刚林等人传谕：

前得辽东后，其地之民，当杀者诛戮二三次，愿为奴者收之为奴。朕念良民，在平常人家为奴者甚多，显贵之人，为庸俗之辈役使，殊为可悯。故命诸王府以下，及于民户，有以良民为奴才，俱著察出，编为民户。又两三次考试，将稍通文义者，借此拔为儒生。今在满洲家者，非先时流行占取者可比。皆系舍身攻城所获，谅间有一二生员耳。其俘获之人中，或有兵士死战，以命换取者有之，或因阵亡而折赏者亦有之。又攻战皮岛时，满洲官兵，效力死战，而汉人官兵，犹如宾客，坐视不顾。此等所得之人，或阵亡而赏给，或死战擒获者。今无故夺之，朕一则念及阵亡有功之人，再则念及兵士之死战所得。即以他人换出，则所补者独非人乎？其无罪之人，执而替人为奴，岂不可怜耶？尔等唯知爱惜汉儒，而未知爱惜满洲兵士，有功之人及替人为奴之人也。[1]

祖可法、张存仁听到此，如大祸临头，吓得浑身发抖，唯恐性命不保，深感“愧甚”，慌忙奏言“实臣等之谬也”，跪下叩头不止。

平心而论，祖可法等人“以人易人”，实非善策，而皇太极拒绝允许奴仆应试，致使一些青衿生员、善智多谋之人因此被埋没，对大清王朝来说不能不是相当的损失。可见，此时的皇太极确与10年前的天聪汗有所不同，也说明在满洲贵族中重武轻文是普遍之倾向，皇太极在其晚年，与乃父努尔哈赤相

①《清初内国史院满文档案译编》上册，崇德三年正月。

较，只是在程度上有所差异而已。

三、太宗肱股

清人张宸为范文程作传，说“太宗以公弼亮忠贞，倚任特至”，此非虚言。近人认为，范文程之受皇太极器重，是从天聪七年（明崇祯六年，1633）接应孔有德、耿仲明来投开始的，亦不无道理。

天聪七年（明崇祯六年，1633）春，明将孔有德、耿仲明叛明归金，航海而来，先期派人与后金联络。三月二十七日，可能是范文程以前做过招降工作，又满腹经纶，且作战勇敢因而获参将之职的缘故，皇太极令他与吴赖、伯格、塞固德诸将率大批甲兵，前往旅顺口。此行有两个目的：一是探明虚实；二是如确有其事，击败截击之明军，接应孔、耿大军。范文程不辱使命，向孔有德等人“宣上恩信备至，有德等遂坚心归我”。接着，他又奉命前往东京一带安插新附，复携谕召孔有德等入朝觐见，往返于东京、沈阳之间，可谓不辞劳苦。范文程的确赢得了皇太极的信任，次年尚可喜亦效孔、耿，扬帆驶来，又是范文程奉命率兵打探、迎接，直至后来向尚可喜颁授敕印。从此，“破旅顺，收平岛，讨朝鲜，抚定蒙古，文程皆与谋”。

可是，天聪七年（明崇祯六年，1633）后列于范文程之前的汉文臣还有鲍承先与宁完我，为什么皇太极独厚范文程？实际上，才智出众，能够与范文程相较并比、构成竞争的是宁完我，鲍承先不足论。承先并无大器，原是明朝败将，“窜匿数日，从众出降”者，向为皇太极所轻，当面说他“承先败走乞降，今尚列诸功臣，给敕恩养”，能够官居二品，亦是其殊荣了。

宁完我则不同，是一位胆识过人者。他原是贝勒萨哈廉的家奴，天聪三年（明崇祯二年，1629）皇太极考试生员，宁完我却未参加考试，而是向皇太极自荐，皇太极见其通文史，遂令入书房。通达直率，“遇事敢言”，是宁完我的突出特点。他的奏章切切实实，直截了当，针对性强，很受皇太极的欣赏，迅速提拔为参将，令参与机务，“骎骎倚任”，其势咄咄逼人。宁完我的前途是被自己葬送的，他恃才自傲，目空一切，不拘小节，遂为同僚所不喜；酗酒纵博，素不自检，屡教不改，致被太宗所厌恶。天聪三年（明崇祯二年，1629）关内作战，皇太极令宁完我助守永平，其因赌博被举劾，皇太极念其才华，仅予训诫，未加处分。天聪十年（明崇祯九年，1636）二月，又与大凌河降将刘士英赌博，为士英家奴举发，皇太极勃然大怒，令削去宁完我世职，尽夺赏赐的庄田、奴仆、财物，仍发给萨哈廉家为奴，直到清朝定鼎燕京，才被重新起用。

宁完我遭贬仅一个多月，崇德改元，书房便改为内三院，范文程，还有那位经宁完我上荐才得以显名的鲍承先，先后莅职大学士，独宁完我以罪废，不得与，前程自践。

范文程虽与宁完我有过一段相同的遭遇，都曾为人家奴，天聪三年（明崇祯二年，1629）同入书房，甚至同出征、同上奏，但范文程却较先已开步的宁完我沉稳练达，虽机警多智，却叫人觉得忠厚朴实。内三院成立后，发给范文程的敕书，实际上就是皇太极对他的评价：“曾命范文程领秘书院事，七载考绩，以不负委任，克尽厥职，忠直可嘉，升三等甲喇章京为二等甲喇章京，世职照旧。”希福、刚林的评语则是“不负委任，克尽厥职，勤勉可嘉”。可见，即与满洲文臣相较，范文程亦是出其右而为君识的，超过宁完我而受皇太极眷顾不衰，并非什么意外之争。

范文程不仅“忠直”，而且“勤勉”亦不在希福、刚林等人之下。崇德三年（明崇祯十一年，1638）八月，朝鲜国王李倧向十分了解清朝情况的沈阳馆（崇德元年后设在沈阳的朝鲜人质居住之所）宰臣朴簹询问：清国“诸将中用事者谁乎”？朴簹答道：“范文程、普太平古、祈清高等用事。”普太平古即户部启心郎布丹，祈清高即礼部启心郎祁充格，朝鲜人掌握的情况是从清人口中了解到的，这是毫无疑问的。他们仅举出三位“用事”者，且以范文程居其首，显然清朝上下也都是这么认为的。

皇太极确实是慧眼识人，他看中了忠直勤勉、足智多谋的范文程，从提拔、重用，到倚为股肱，对大清王朝事业的成功，可说是功不可没。

早在天聪七年（明崇祯六年，1633）汉军旗正式建置，皇太极命诸贝勒、大臣们推举固山额真人选，众人经商议，以范文程上奏，知人善任的皇太极却不同意，说："范章京才诚胜此，然固山职一军耳，朕方资为心膂，其别议之。"

崇德改元之后，皇太极对范文程更加宠信，以至于不称其名，呼之"范章京"。在皇太极大力加强中央集权、推行汉化政策的过程中，在诸强争雄、变幻莫测的军事斗争中，范文程逐渐成为皇太极身边不可或缺的人物，内秘书院几乎是皇太极的机要秘书机构。

范文程虽不在议政大臣之列，但几乎能参与所有重要机密。据史载，皇太极、范文程君臣二人"其语卒秘勿传"，一会儿以汉语互对，一会儿用满语交谈。范文程的满语一定是很不错的，他自幼生长在抚顺城，那里是建州女真人经常前往互市贸易之所，有学习满（女真）语的条件；天命三年（明万历四十六年，1618）后金陷抚顺城，又被编为民户，迁到女真人聚居区，出征之时，劳作之余，时常与女真人接触，满（女真）语便有了练习、使用的机会；天命十年（明天启五年，1625）从刑场上死里逃生，极有可能在镶红旗下以奴仆身份任汉语文教习，由于有了满语的基础，其在教学中应用自如，效果亦可想而知。正因为如此，皇太极便给范文程使用满语的机会。天聪九年（明崇祯八年，1635）六月，和硕贝勒多尔衮率军出征察哈尔，骚掠明边归来，皇太极出怀远门，在五里外举行迎接仪式。皇太极坐在黄幄内，命范文程担任翻译。范文程跪对汗位，听其满语口谕后，站起，面对王世选、麻登云、祖可法等汉官传谕："此次出师，杀锦州副将刘应选兵五百。又，察哈尔蒙古来归时，屡次往略大同、宣府，多有俘获，大破敌兵。察哈尔汗四大臣、一福晋（满语，汗之妻、妾均称‘福晋’），率千余户来归。又闻察哈尔汗三福晋及其子孔果尔并部民为我出征诸贝勒所招降者，已将送至。又明冷口哨兵三十人，为喀喇沁部落兵所击，生擒一人来献，问之，言明兵五百人，自遵化来，为我边外蒙古击败，止余七人遁去。又明总兵祖大寿弟祖二疯子，率兵征援陕西甘州，遇流贼截战，祖二疯子兵俱败，祖二疯子仅以身免，乃奏于明国崇祯帝，言欲破流贼，必须臣兄大寿所统宁锦兵方可，其他皆不堪用。我国蒙天眷佑，兵威丕振，归附益多，因传谕诸臣共为欣慰焉。”众汉官赶紧随声附和：“皇上洪休盛德，今岁东方之国，两次来归，察哈尔举国内附，各处蒙古俱已归降，与我为敌者惟明而已。然明虽存，而国事日非，将懦兵疲，亡不久矣。”范文程复转身跪下，用满语转奏皇太极。

此外，范文程很有可能还会蒙古语。上节提到，他曾以一品大臣的身份，与刚林等人前往蒙古科尔沁部，执行册封使命。

有了如此运用自如的语言条件与功底，范文程便能够正确体会皇太极的每一句话、提出的每一个问题，亦能准确无误、对答如流地表述自己的见解，而且还能与满洲贵族正常交往。在当时，不会满语的汉人颇受歧视，宁完我就曾替汉官向皇太极倾诉苦衷：“上遇汉官，温慰恳至，而国人反凌铄之。汉官不通满语，每以此被辱，有至伤心坠泪者，将何以招徕远人，使成一体？”范文程则得天独厚，因此不会遭到这种歧视。

皇太极与范文程议事内容之所以“卒秘勿传”，是因为“皆机密事”，当时人尚不知其详，那么今天我们更是无从得知了。但可以推测到，既然是机密之事，自然属于国家大政方针、内外政策之类。对外来说，主要包括蒙古、朝鲜、明朝三个方面。

蒙古是皇太极拉拢的重点。天聪九年（明崇祯八年，1635）多尔衮奉命西征，林丹汗之子额哲不战而降，不仅察哈尔部，而且广阔的漠南蒙古都归于皇太极的统治之下。此次遣兵远征，无论其意义还是影响，都很重大。同年，皇太极一面命希福等人前往察哈尔、喀尔喀、科尔沁等地清查户口，编制牛录，会审罪犯，颁布法律，一面编立蒙古八旗之外的喀喇沁、土默特三旗，以后又在漠南蒙古地区广泛编旗，确立了皇太极对漠南蒙古的统治，并奠定了札萨克制度之基础。崇德三年（明崇祯十一年，1638）喀尔喀三部遣使来朝，与清确立了臣属关系。同年，皇太极改蒙古衙门为理藩院，专门掌管外藩蒙古事务。自此，皇太极壮大了自己的实力，且将明朝置于包围之中。

朝鲜是明朝忠诚的藩属国，虽经受过后金军的军事打击，与之建立“兄弟之盟”，但仍不改其忠，暗中助明抗金。崇德元年（明崇祯九年，1636）底，皇太极大举伐朝，迫使朝鲜彻底屈服，与之订立城下之盟，向清朝称臣纳贡，入子为质，与明朝关系彻底斩断。于是，明朝失去其应援力量，清朝则解除了后顾之忧，从此专注伐明。

明朝是皇太极的主要敌人、强劲对手。崇德年间，皇太极主要从两个方面打击明朝：一是越长城蹂躏、掠夺京畿、华北地区；二是攻宁锦防线，力争向山海关逼近。在关外，清军铁骑横飙纵掠，不仅使明朝社会危机加重，而且使当地人民生灵涂炭，遭到空前的浩劫；在关内，取得松锦大捷，生擒洪承畴，迫降祖大寿，明军已无险可守。到皇太极逝世时，清朝入主中原的条件已经成熟。

国内方面，崇德时期的主要内容是加强中央集权，其中包括：

打击诸王势力。皇太极是在囚禁阿敏、惩治莽古尔泰、抑挫代善，废除四大贝勒共议朝政之后登上皇帝宝座的。改元之后，皇太极继续实行这一做法，继续降低代善的地位，使之俯首听命；对多尔衮、济尔哈朗等人连拉带打，既令其效忠君上，又不使其势力坐大。崇德二年（明崇祯十年，1637），令每旗各新设议政大臣 3 人，规束其行。次年，复罢王、贝勒领部院事，其权力再次被削弱，皇太极“南面独尊”之位已不可撼。

完备国家政权机构。崇德元年（明崇祯九年，1636）设都察院，以事监察，主要是纠劾百官。崇德三年（明崇祯十一年，1638），改蒙古衙门为理藩院；更定六部、二院官制。

这一系列内政外交，恐怕绝大多数都有范文程参与其中，为皇太极献计出谋，就连范文程避退不与的涉及满洲贵族的事情，亦难免被皇太极询计问策。有例证可以间接说明，皇太极并不支持范文程采取回避的态度。崇德六年（明崇祯十四年，1641）七月，皇太极命内大臣图尔格、固山额真英俄尔岱，内三院大学士范文程、希福、刚林，户部承政车尔格，吏部启心郎索尼，会同兵部各官，察议和硕郑亲王济尔哈朗等围困锦州之功罪。这些人当中，兵部虽有汉官，但他们人微言轻，不能亦不敢起作用。范文程以汉大学士参与察议和硕亲王功罪，且仅列名图尔格、英俄尔岱之后，但在希福、刚林两位满大学士之前，不能不说是一种特殊的信任与恩宠，由此可推定，范文程参与了皇太极削弱诸王、旗主之措施的筹划。

范文程的足智多谋、忠贞不贰，为大清贡献巨大，其中一些趣事在民间广泛流传，其中之一是收降洪承畴。

洪承畴于松山就擒，皇太极如获至宝，他已经听说洪承畴才器不凡，欲收为己用，但洪承畴大骂不止，誓死不降，遂被关押于三官庙内，洪承畴则以绝食求死。这下可愁坏了皇太极，百思无着，遂问计于范文程，范文程以女色进，于是庄妃扮为女仆，持人参汤往劝承畴进食，承畴经不住庄妃之端庄秀美、温言细语，喝了几口人参汤，方得不死。随后范文程来见洪承畴，承畴照旧骂不绝口。擅长心计的范文程并不介意，亦不提降清之事，而是说古论今，天南海北，侃侃而谈。说话间，房梁上的灰尘落在洪承畴身上，承畴几次用手“拂拭之”，文程见状，急辞而去，往告皇太极：“承畴不死矣！其敝衣犹爱惜若此，况其身耶？”并建议皇太极立赴三官庙。皇太极到后，见洪承畴衣着单薄，脱下自己的貂皮袄亲披承畴身上，承畴立时感激涕零，叩头请降。从此后，清军入关，平定江南，经略川黔，洪承畴立下了不朽之功。皇太极有得人之心，范文程更有得人之法，大清朝卒借得人之福，这其中，如无范文程之机敏足智，恐怕这段历史中的许多内容要改写一番了。

皇太极统治时期，正是国家初创、戎马倥偬而又典制未备时期，他需要武将之勇，更需借儒臣之力，范文程遂成为他所依倚之重臣。皇太极晚年，性情暴躁，喜怒无常，大臣们时受其处罚训斥，却独厚于范文程。二人每次商谈重大机密之事，范文程必漏下数十刻始出，有时甚至还没有来得及吃饭、休息，便又被召入。大臣们议政时，皇太极必问："范章京知否？"如有不妥当之处，再问："何不与范章京议之？"众人答："范亦云尔。"皇太极方才称可。范文程如此劳累，身体健康受到影响，免不了因病告假休息，各项事务便积压下来，皇太极命待"范章京"病愈后裁决。内秘书院的职掌之一，是撰拟与外国往来书札，都由范文程起草。最初，皇太极还要认真地检查阅视，到后来竟一目十行，并说："汝当无谬也。"

皇太极没有看错范文程，范文程也没有辜负皇太极，君臣二人朝夕相处，情投意合，感情越来越深。眼看着大清奋兴强盛，明朝江河日下，灭亡在即，皇太极发誓，一定要破山海而入关，取中原而定华夏，实现大清的天下一统，万邦独尊。有一天夜里，他梦见父亲努尔哈赤令四人捧玉玺授给他，他跪接于手，便醒来了。第二天，皇太极将梦中情景向三位大学士描述一番，善解人意的范文程等人赶紧顺水推舟，讨好析释："太祖授皇上玉玺，此天子之宝，一统之符，乃上帝授皇上以抚有中外之明证也。"见皇太极取代明朝之心如此强烈，范文程兴奋异常，他决心辅佐皇上，早成霸业，自己也就是开国元勋、宰相首辅，可以光宗耀祖、荫子庇孙了。

然而，就在君臣们心有灵犀，准备共图大业、寰宇归一之时，崇德八年（明崇祯十六年，1643）八月初九日亥时，皇太极端坐在清宁宫暖阁的南炕上，停止了呼吸。

当晚，劳累了一天颇觉疲惫的范文程，晚饭后，忽然一阵莫名的心惊肉跳涌了上来，遂闷闷不乐，早早就躺下了，可心烦意乱，怎么也睡不着。他自己也说不清过了多长时间，听到正厅里人声嘈杂，以为是家人嬉闹，刚披衣坐起，准备训斥发泄一番，家人来报：宫中宣召。谁宣召？怎么没说是皇上宣召？范文程没太介意，因为半夜奉旨入宫议事之事曾经有过。他匆匆穿好朝服，向皇宫奔去。可为什么百官不绝于途，都奔向皇宫？聪明的范文程立即感到有一种特殊的不祥之兆。到了承政殿，众臣按序跪定，讣告发布了：皇上驾崩！

范文程倒在了地上，只觉得五雷轰顶，他“号恸几绝”。他担心的事情终于发生了。与皇太极朝夕相随，范文程深知皇上日益欠佳的身体状况。他担心，大清朝正蓬勃向上，取代明朝指日可待，这个时候如果皇太极撒手而去，宏伟的蓝图是否还能描绘出来？他担心，皇太极没有立太子，诸王中觊觎皇位者不乏其人，会不会因此导致一场内部纷争，甚至兵戎相见？他还担心，满洲贵族内部尚潜藏着排汉倾向，一旦再现天命十年（1625）惨不忍睹的疯狂屠杀场面，能否城门失火殃及自己？他熟通中国历史，更担心自己受皇太极宠信不衰，满汉诸臣中妒忌者有之，怀恨者恐亦有之，那么……

范文程现在顾不上更多地想这些了。俗话说“士为知己者死，女为悦己者容”，他完全陷入不仅是国主，更是识己、知己者仙逝的悲痛之中，往事历历，今若烟云，范文程几次昏厥。

当被别人扶着走出承政殿时，范文程睁开泪眼，才发现天已大亮，不禁一惊，今天到了，今天国中无主，会怎么样?

第五章 策计国运

一、千钧一发

从崇德八年（明崇祯十六年，1643）八月初九日皇太极坐逝，到顺治元年（明崇祯十七年，1644）四月初九日多尔衮统清军大举挺进山海关，恰好8个月。在这8个月中，当时中国社会的三大势力，都经历了扣人心弦、千钧一发的紧张时刻。

让我们先看看大清朝内部。皇太极死后第五天，即八月十四日，诸王齐集崇政殿，确定皇帝继承人问题。礼亲王代善首先指天发誓般地说："豪格是大行皇帝之长子，应当承继大统。"豪格不情愿又不得已地貌似谦逊："我福小德薄，难承此大任。"说完便退了出去。众人议论纷纷，莫衷一是。两黄旗大臣见此情形，按捺不住，剑拔弩张，齐上前道："我们是皇帝之大臣，食于帝，衣于帝，受皇帝豢养之恩与天同大，若不立大行皇帝之子，则宁死从帝于地下而已！"代善见气氛紧张僵持，明白诸王不积极表态的深刻含义，自己也不想深陷于这场纷争中而使自身受到威胁，遂半带抱怨地说："我虽是皇帝之兄，但平时朝政从来不知道，何必要参与此事呢！"起身而去。武英郡王阿济格不服黄旗之人，他又没有入承大统的希望，便跟随代善而出。豫亲王多铎亦对皇位有觊觎之心，但在两黄旗武力威胁之下，无法冒险自荐，又不想屈就附和，还想待机而动，所以坐在那里一言不发。睿亲王多尔衮见此状景，确信自己也不能受拥戴入大位，又不甘心放弃唾手可得的权力，脑筋一个急转弯，站起身来对众人道："大家说得对。豪格既然谦让而退，没有继承大统之意，应立先帝第九子福临为皇帝。但考虑到福临年岁幼稚，八旗军兵，由我与郑亲王济尔哈朗分掌其半，左右辅政，俟皇帝年长之后，当即归政。"众人明白多尔衮立 6 岁的福临为帝之用意，但大位已归皇太极之子，众口顿塞。多尔衮不失时机，对天盟誓，于是设香案，写誓词，忙得不亦乐乎。诸王、贝勒等人的拥帝誓词是："不幸值先帝升遐，国不可无主，公议奉先帝子福临缵承大位。嗣后有不遵先帝定制，弗殚忠诚，藐视皇上幼冲，明知欺君怀奸之人，互徇情面不行举发，及修旧怨倾害无辜，兄弟谗构私结党羽者，天地谴之，令短折而死。"众臣的誓词是："我等如谓皇上幼冲，不靖共竭力，如效力先帝时，而谄事本主，豫谋悖乱，仇陷无辜，见贤而蔽抑，见恶而徇隐，私结党羽，构启谗言，有一于此，天地谴之，即加显戮。"诸王、贝勒惧于多尔衮、济尔哈朗的权势，不得不承认二人的辅政地位，遂誓告天地："今公议以济尔哈朗、多尔衮辅理国政，我等如有应得罪过，不自承受，及从公审断又不折服者，天地谴之，令短折而死。"济尔哈朗、多尔衮亦立誓："兹以皇上幼冲，众议以济尔哈朗、多尔衮辅政，我等如不秉公辅理，妄自尊大，漠视兄弟，不从众议，每事行私，以恩仇为轻重，天地谴之，令短折而死。"于是，福临被推上了皇帝宝座，两位辅政王，多尔衮掌"大小国事"，济尔哈朗掌"出兵等事"，虚悬之皇帝位在一场各不遂愿的明争暗斗中暂告归主。

然而，这不是事情的最终结局。颖郡王阿达礼、固山贝子硕讬，在背后拨弄是非，对代善密言道：“今立稚儿，国事可知。不可不速为处置。”他们的本意，是要拥多尔衮即位，以为巴结睿亲王、打击两黄旗的机会。代善则说：“既已立誓天地，何必要说这样的话？不许再生其他意念！”阿达礼等又去游说多尔衮，多尔衮坚予拒绝。二人到多铎家时，多铎传言“此非相访之时”，始终不出室相见。阿达礼、硕讬仍不死心，再回到代善家巧言劝说时，代善声厉色怒道：“为什么还要胡言乱语？大祸因此而临头了！看你们还能怎么样！”明哲保身的礼亲王代善立即前往多尔衮王府告发，多尔衮说：“我也听说了。”随后，便商量对策。十六日晚，阿达礼并其母、硕讬与其妻被绑缚押于衙门，宣布罪状后，缢杀之。阿达礼的财产、军兵没入代善，硕讬的财产、军兵则归多尔衮。多尔衮为收买人心，将所得之财尽散给属下军兵。范文程以下 300 名汉人，被拨入两黄旗。此案牵涉大学士刚林，免罪，亦入黄旗中。于是，三位大学士，希福原隶正黄旗，刚林又隶正黄旗，范文程则属镶黄旗，都在皇帝旗分，置于皇帝，准确地说是多尔衮的直辖之下，不再存在双重“主子”了。

对多尔衮扶福临入大统明显不满者还有一位——武英郡王阿济格，多尔衮的同母之兄。据说，阿济格“心非立其幼，自退出之后，称病不出，帝之丧次，一不往来”。二十二日，多尔衮遣人去对阿济格讲：“你虽然患病在身，但皇帝丧事久不参加，不仅揆之事理甚觉不当，而且形迹异常，易致人怀疑，不可一直退伏不出。今日完殓大会，你还是抱病来参加为好。”阿济格则回答：“我病势确实危重，运动不得。如果不是这样，岂有引入隐居不出之理？”最终，阿济格还是“扶病”参加了完殓仪式。

至此，大清终于从帝位危机中，从那系于国运的千钧一发中走了出来，国家机器在不正常的状态下开始了正常的运行。提心吊胆、拭目观变的范文程，比较心稳地坐在秘书院的几案旁，再度把目光转向风云骤变的中原大地。

这时候，大明已不是江河日下，而是灭亡在即了。明朝的末代天子是朱由检，因其年号“崇祯”，所以史称“崇祯帝”。他是一位颇欲有所作为的不幸皇帝。明朝自中后期以来，帝王一蟹不如一蟹，朝政、国政日益败坏。尤其是朱由检的前任之君——明熹宗，昏庸无道，重用阉臣魏忠贤，形成以魏忠贤为首的“阉党”，严厉打击主张实行改革的东林党人，强化特务政治，边腹重地，潜运咽喉，遍布爪牙，闹得举国上下鸡犬不宁，民不聊生。到天启七年（后金天聪元年，1627）八月熹宗死时，留给崇祯帝的是一个“内忧外患”加剧、国家已病入膏肓的烂摊子。

在东北方向，虽然袁崇焕力挫努尔哈赤，取得了“宁远大捷”，并使这位“天命汗”羞愤交加，患病而先明熹宗一年死去，但明军宁锦防线并不牢固。而且先崇祯帝一年上台的皇太极比朱由检更有作为，他吸取乃父治国秉政之经验教训，调整统治政策，革新政治，加强中央集权，整饬军伍，对明朝的威胁随之与日俱增，成为耗竭明朝生命的心腹之患。

在西北方向，阶级矛盾空前加剧。那里的地主阶级、封建官吏异常残暴贪婪，金玉满堂，尽是御人之货；田园丰邑，皆为悖入之财。而广大民众，则掘茅根止饿，剥树皮疗饥，鬻儿女谋生，典妻子求活。巨大的反差，鲜明的对照，必然引发出不可遏止的腾焰烈火。就在明熹宗死前半年，陕西澄城百姓面对贪官污吏，忍无可忍了，他们揭竿而起，杀死知县，揭开了明末农民大起义的序幕。地瘠民贫、灾荒连年、边兵受虐、驿卒遭裁，这一系列因素交互作用，如火借风势，使大起义迅速蔓延，吞噬着明朝这座腐朽大厦。

崇祯帝正是在这“夷”族犯中原，草野反朝廷，百姓杀官长，商贾鄙士大夫的大乱之世登上历史舞台的。他不甘心于朱氏世传基业就此毁掉，不愿看到大明江山被“乱臣贼子”所葬送，他要励精图治，走出一条中兴之路，使国祚昌隆，亦使自己名垂青史，绩冠光武。于是，他首先除掉恶贯满盈的魏忠贤，打击阉党势力；招一部分东林党人进入朝廷，对他们表现出积极的姿态；重新起用已被排挤去职回到家乡的袁崇焕，授其为兵部尚书兼右副都御史，督师蓟辽兼督登莱天津军务。

可是，面对无可挽救的现实，崇祯帝万万没有想到，他回天乏术。处在四面烽火、八方狼烟之中，崇祯帝不得不东派兵，西遣将，征“夷”剿“寇”，因为用兵，饷银便不可缺少。万历四十六年（后金天命三年，1618），因辽东用兵，按亩加派“辽饷”；崇祯帝即位后，用兵规模增大，税收亦随之增加，又有“助饷”“均输”“剿饷”“练饷”诸名目，其中尤以“辽饷”“剿饷”“练饷”等所谓“三饷”加派为民所切齿。残酷的横征暴敛，给社会造成全面的大破坏，正如一位官员向崇祯帝所涕述的那样：“旧征未完，新饷已催，额内难缓，额外复急。村无吠犬，尚敲催追之门；树有啼鹃，尽洒鞭扑之血。黄埃赤地，乡乡几断人烟；白骨青磷，夜夜常闻鬼哭。”于是，加饷愈多，反抗愈烈，形成恶性循环，使反抗的怒火越扑越旺。

对东北前线的用兵，更令崇祯帝气恼。明军不仅没有取得战果，反而使清军绕路入口，蹂躏华北，威胁皇都。崇祯帝开始怀疑，食国家俸禄者是否背叛了他，这种多疑的直接恶果，便是错杀了袁崇焕。好不容易发现了一位帅才洪承畴，却传来在松山前线以身殉职的噩耗，崇祯帝痛苦万分，下令在北京城外建祠，予祭 16 坛，他还准备亲自前往祭祀。谁料想，准确消息传来：洪承畴降清了！气得崇祯帝暴跳如雷。他哪里知道，大明已是权以贿得，刑以钱免，官无廉耻，民无道德了。而且，在决定大明朝命运的关键时刻，崇祯帝又不断出现政策上的失误，他所采取的许多措施，尽属饮鸩止渴之类，只能加速明朝的灭亡。所以，历史已经注定，大明不会度过那千钧一发之际。

为腐朽、反动的明朝送葬的队伍，不是来自靠近京畿的东北地区，而是来自遥远的大西北。自陕西澄城人民起义后，迅速蔓延的反抗之火，遍及大西北。崇祯四年（后金天聪五年，1631），各路义军会于山西，开始了联合作战。几经曲折，到崇祯九年（后金天聪十年，1636），起义军形成了李自成、张献忠两大势力，他们分路转战，遥相呼应。

张献忠军于崇祯十三年（清崇德五年,1640）突破明军的包围，进入四川，攻克大部分州县，次年占襄阳，杀襄王、贵阳王，转战于湘、鄂、赣一带。崇祯十七年（清顺治元年，1644）再入四川，攻占重庆、成都，张献忠在成都称帝，建国号“大西”，年号“大顺”，以成都为西京。

李自成军则于崇祯十三年（清崇德五年，1640）进河南，彼时当地饥荒严重，归附者众，势力遂壮大。翌年，攻克洛阳，杀福王朱常洵，连续大败明军。崇祯十六年（清崇德八年，1643），李自成军已控制了河南及湖广北部，自成遂称“新顺王”，改襄阳为襄京，建立农民政权，并确定推翻明朝的战略计划。是年，李自成挺军陕西，破潼关，击毙明军统帅孙传庭，明军主力溃北，起义军遂占西安，定三边，肃清明军势力。

崇祯十七年（清顺治元年，1644）正月，李自成以西安为西京，建国号“大顺”，改元“永昌”，并进一步完善政权组织。二月，大顺军号称百万，渡黄河东征，奏起了明朝的哀乐。三月十六日，起义军包围北京，十八日破城，十九日凌晨崇祯帝吊死煤山，明朝宣告灭亡。

至此，17 世纪上半叶在中国大地上争斗厮杀的三大势力，随明朝之谢世而使三足之鼎失衡，虽然明朝残余势力尚存，但已是群龙无首。这样，大顺政权便直接面对着大清朝，李自成要巩固其已获得的统治地位，除了以稳妥的政策争取更多的支持力量外，还要解决他无论如何回避不了的“辽事”。当“大顺”与“大清”皆以“大明”为敌时，二者一东一西，互不接触，当然也就互不为敌。清朝曾遣人持信联络农民军，欲双方合作共同灭明，因这封信在明亡之前并未送到农民军手中，所以我们无法推测他们是否有合作的可能性。明朝的灭亡，至少历史已经证明，大顺与大清之间不仅绝无合作的可能性，而且随着北京城更换主人，大顺政权取代大明政权成为清朝逐鹿争雄、取天下归一统大业的主要敌人。此时，鹿死谁手，就不仅仅是兵员数量上的比较，重要的是方针、政策、战略等方面的正确与否，谁在这些方面占有优势，谁就会取得全局上的主动权，在千钧一发之际，稳操胜券。

揆之当时，大顺政权应当是更有生机和活力的。明末农民大起义的发动者，是世界上最有忍耐力的中国百姓中那些实在忍无可忍的下层民众，他们痛恨残酷的封建剥削与压榨，曾身受地主豪强、贪官污吏、封建政府之害，因之对各项社会弊政体验至深至切。取得政权之后，应当更明确怎样革除前朝弊政，怎样维护民众利益，怎样争取多数人的支持。同时，一个新生政权，应当具有蓬勃向上的新气象，在一种更新的氛围中，不负众望。

历史给我们的答案却恰恰相反。大顺政权在历史性转折的紧要关头，丧失了难得的机遇，留给后人无限的遗憾。有人说，大顺之败是由于政策上的失误；还有人说，是由于大量收用明政府原有官吏，他们将诸多封建恶习带进了新生政权，并如病毒一样对新的一班领导人交叉感染，等等。不管是千种理由，还是百种原因，都可以归于一点：农民阶级不可能建立起超出封建政权性质的对地主阶级的统治。

无须更多解释，反正大顺政权在与清军进行历史性大决战之千钧一发的前夜，比明朝更迅速地丧失人心，在把越来越多的人推向对立面的同时，日益改变着昔日令人赞佩的形象，充分暴露出封建社会农民阶级的自私、保守、狭隘、鼠目寸光以及取得政权后那种过激的报复与丧失理智的行为。

对北京城里正在经历的翻天覆地的变化，沈阳城里的清朝统治者并不了解。在信息落后的时代，他们只能获得迟到的新闻、情报。

皇位危机刚过，清朝的摄政们便迫不及待地要扩大松锦会战以后的胜利成果。崇德八年（明崇祯十六年，1643）九月初，郑亲王济尔哈朗、英郡王阿济格统率清军出征伐明，先后占领了中后所、前屯卫、中前所，宁远重镇与山海关之间的联系被割断，孤悬于山海关之外。之后，清朝倒安静了一阵。

顺治元年（明崇祯十七年，1644）三月底，明朝方面的消息终于传到了沈阳城：山海关外人心震恐，纷纷逃遁，吴三桂尽撤宁远兵民入关。多尔衮一见有机可乘，便决定乘虚直捣山海关，但如何行动？此次出征的战略指导思想是什么？多尔衮拿不定主意，思来想去，想到了老臣范文程。

皇太极骤然而逝，对范文程打击很大，加之多年的奔波操劳，身体一下子便垮了下来，万般无奈，不得不告假，前往盖州汤泉疗养。四月初，多尔衮派出的传令官急驰而到，令范文程速返沈阳，商议大计。实际上，范文程并没有真正地养病，他没有那种观花赏月的闲情逸致，多年的宦海生涯，使他颇具职业政治家的本能。休养期间，范文程时刻探听着明朝的动向、沈阳的消息，他已经知道明军已被大顺军击溃，虽不清楚北京城发生的一切，但他敏锐地感到，历史到了转折关头，大决战在即！

回到沈阳，四月初四日，范文程及时上书多尔衮，其文曰：

乃者有明，流寇踞于西土，水陆诸寇环于南服，兵马煽乱于北陲，我师燮伐其东鄙，四面受敌，其君若臣，安能相保耶？顾虽天数使然，良由我先皇帝忧勤肇造。诸王大臣只承先帝成业，夹辅冲主，忠孝格于苍穹，上帝潜为启佑，此正欲摄政诸王建功立业之会也。窃惟成丕业以垂休万祀者此时，失机会而贻悔将来者亦此时！何以言之？中原百姓蹇罹丧乱，荼苦已极，黔首无依，思择令主，以图乐业。虽间有一二婴城负固者，不过自为身家计，非为君效死也。是则明之受病种种，已不可治，河北一带，定属他人。其土地人民不患不得，患得而不为我有耳。盖明之劲敌，惟在我国。而流寇复蹂躏中原，正如秦失其鹿，楚汉逐之，我国虽与明争天下，实与流寇角也。为今日计，我当任贤以抚众，使近悦远来，蠢兹流孽，亦将进而臣属于我。彼明之君，知我规模非复往昔，言归于好，亦未可知。傥不此之务，是徒劳我国之力，反为流寇驱民也。夫举已成之局而置之，后乃与流寇争，非长策矣。曩者弃遵化，屠永平，两经深入而返。彼地官民，必以我为无大志，纵来归附，未必抚恤，因怀携贰，盖有之矣。然而有已服者，有未服宜抚者，是当申严纪律，秋毫勿犯，复宣谕以昔日不守内地之由，及今进取中原之意。而官仍其职，民复其业，录其贤能，恤其无告，将见密迩者绥辑，逖听者风声，自翕然而向顺矣。夫如是，则大河以北，可传檄而定也。河北一定，可令各城官吏移其妻子，避患于我军，因以为质，又拔其德誉素著者置之班行，俾各朝夕献纳，以资辅翼。王于众论中择善酌行，则闻见可广，而政事有时措之宜矣。此行或直趋燕京，或相机攻取，要当于入边之后，山海长城以西，择一坚城，顿兵而守，以为门户，我师往来，斯为甚便。惟摄政诸王察之。[①]

此文对清政府此次重大行动，具有特殊的指导意义。范文程认为，明朝承受着严重的内忧外患，已病入膏肓，不可医治，必须毫不迟疑地抓住这一机遇，挺进中原，否则，先入为主，天下将为他人所得。范文程更鲜明地指出，清朝的主要敌人已不是日落西山的明朝，而是横征天下、不可一世的农民军，所以，不要等农民军夺得天下后再与其争夺，那将是严重的失策。范文程更建议，一定要改变过去烧杀抢掠、攻城不守的抄掠作风，要以王天下之气概，“申严纪律，秋毫勿犯”，安抚百姓，争取汉官的支持。于是，范文程为清军大举入关奠定了基本的战略指导思想。

---

①《清世祖实录》卷4。

范文程虽然是汉大学士，但他在皇太极时期树立起崇高的威望，他的话是非常有影响的。尤其是他对大明、农民军、清朝三方条件和所处形势的透彻分析，对入关行动战略方针的周密规划，其高瞻远瞩、洞察秋毫的非凡气度，令诸王、大臣们折服。所以范文程启文一上，摄政诸王立即召开紧急会议，决定不失时机，即刻入关，逐鹿中原。

当中国历史进入17世纪中叶大转折的紧要关头，当清朝未来发展处于千钧一发的关键时刻，范文程一言九鼎，对中国历史发展进程产生了一定影响，对大清迅速立鼎燕京，进而底定中原，更彰其益。这是范文程对清朝最杰出的贡献，也是一位政治家才思敏捷、机智果断的最好发挥。范文程之所以成为清朝开国重臣，恐怕这是最主要原因吧！

二、鼎革之际

顺治元年（明崇祯十七年,1644）四月初五、初六两日，清摄政王多尔衮、济尔哈朗与诸王、贝勒、大臣会议，决定依范文程之计，出师伐明。初七日，以出师事祭告努尔哈赤、皇太极；初八日，福临登笃恭殿，赐多尔衮“奉命大将军”印及敕书。初九日，摄政和硕睿亲王多尔衮、多罗豫郡王多铎、多罗武英郡王阿济格，统率满洲、蒙古兵三分之二，汉军，“三顺王”、续顺公沈志祥之兵，鸣炮起行，踏上征明之程。范文程抱病与洪承畴等人随行。

十三日，大军行抵辽河，多尔衮等人获悉北京城已被农民军占领，崇祯帝吊死煤山，大明灭亡的消息，大吃一惊，对下一步军事行动，颇乏主意，尤其是对号称百万的大顺军怀有惧心。迟疑之际，遂征询范文程、洪承畴的意见。范文程奏称：

自闯寇猖狂，中原涂炭。近且倾覆京师，戕厥君后，此必讨之贼也。虽拥众百万，横行无惮，揆其败道有三：逼殒其主，天怒矣；刑辱缙绅，拷劫财货，士忿矣；掠民资，淫人妇，火人庐舍，民恨矣。备此三败，行之以骄，可一战破也。我国家上下同心，兵甲选练，诚声罪以临之，恤其士夫，拯其黎庶，兵以义动，何功不成。

范文程劝说多尔衮等人，不要畏惧大顺农民军，因为他们采取的过激、失策行动，已经严重侵害了明朝封建官僚士大夫、地主阶级的利益，引起他们强烈的憎恨。而且，由于大顺政权没有切实保护下层民众的利益，他们的不满情绪也在日益增长。所以，乘此时机，“声罪以临之”，取得军事胜利是没有问题的。

但范文程深知，抢劫掳掠是清军上自亲王、下至随役的一贯做法。在军饷制实行之前，掠夺既是对官兵战斗热情的刺激，也是他们生活资料甚至生产资料获得补充的重要途径。在即将入关争夺中原政权的关键时刻，原始、野蛮的烧杀抢掠政策如不改变，将会危及大局，使唾手可得的胜利转为大顺军所有。于是，范文程马上二次上奏摄政王，要求决策者实行“德政”：

好生者，天之德也。兵者，圣人不得已而用之，自古未有嗜杀而得天下者。国家止欲帝关东，当攻掠兼施。倘思统一区夏，非乂安百姓不可。

作为一位政治家，范文程再清楚不过了，此次兴兵非同寻常，已不是过去那种入关对明朝进行掠夺的军事行动，而是一场争夺全国最高统治权的战争，其中一切行动，必以争取人心、视民向背为要。只有尽量少危及，最好是不危及下层民众生命财产的安全，保护地主阶级利益，才能“近悦远来”，促成大业。对此，多尔衮当时是认同了的。在进入关内前夕，多尔衮与诸将立誓约，并宣布：“此次出师，所以除暴救民，灭流寇以安天下也。今入关西征，勿杀无辜，勿掠财物，勿焚庐舍。不如约者，罪之！”范文程的苦口婆心，终于收到了效果，得到最高权力人物的支持，保证了清军入山海关后顺利挺进燕京，底定畿辅。

洪承畴之奏，与范文程同异兼存。洪承畴也强调要严申军纪、“秋毫无犯”，但他认为大顺军财足志骄，闻清军至，必焚城劫财西行；范文程则以为，须“一战破之”。范文程认为大顺军不可惧；洪承畴更主张疾行入京，防止农民军将京城财产西运，并提醒当政者：“流寇十余年来，用兵已久，虽不能与大军相拒，亦未可以昔日汉兵轻视之也。”二人看问题角度不同，各有千秋。范文程从夺取全国统治权的大局、从宏观战略着眼，而洪承畴更多地考虑到目前军事行动的战术问题，这可能是政治家与军事家有所区别的一种表现吧。但二人的奏文相互补充，遥相呼应，共同起到了敦促多尔衮等人打消对大顺军的疑惧，火速进军山海关，防止其落入农民军之手，再次成为清军入主中原之障碍的作用。

范、洪二人对清军前景的乐观估计，坚定了多尔衮的信心，大军遂继续西进。四月十五日，大军行至翁后，与明平西伯吴三桂的使者相遇，请清朝助其灭大顺、复失地，事成之后，将裂土以酬。

吴三桂为什么要摈弃前嫌，认敌为友，迎清军入关？此大顺政权自贻伊戚。

吴三桂是辽东明军重要将领，祖大寿的外甥。松锦之战失败后，奉命统所部防守关外五城。皇太极曾对其诱降，未果。崇德八年（明崇祯十六年，1643）十月，清军攻克中后所、前屯卫、中前所，吴三桂仍据宁远、中右所以守。顺治元年（明崇祯十七年，1644）二月，大顺军陷太原，北京告急，崇祯帝以吴三桂之父吴襄提督京营，三月初五日封吴三桂为平西伯，令他放弃宁远，率军援京勤王。吴三桂遂徙宁远兵民50万，日行数十里，三月十六日入关，二十日抵丰润，知北京已陷，只得勒马驻足。李自成派人劝降吴三桂，吴三桂思前想后，并与手下将领协商，最后决定在大顺、大清两大势力间，选择更加强盛且是同一民族的大顺政权，作为投靠之新主。

历史给予大顺政权一次机会，而它的领导者却无把握之手，仅有败事之足，自己无意地走上了通往墓地之路。自入北京后，农民军从上到下，均堕落入腐败的旋涡。对官爵禄位之贪求，对女色红颜之纵情，已使这支原来朝气蓬勃、勇往无敌的队伍迅速从巅峰下跌。军纪败坏，军心瓦解，并不是什么个别现象。为了筹集大军饷粮，大顺政权向旧明官员派饷，派饷不足，继之追饷，交不出规定的巨额饷银，无论其是贪是廉，是贫是富，概加严刑，折磨拷讯，直至处死。一时间，北京城风声鹤唳，人心思变。

在被追饷的原明官员行列中，自然少不了吴三桂的父亲吴襄。李自成的爱将刘宗敏将吴襄拘禁关押，令其交足规定数目之饷银，不得，即酷刑以加。消息传来，吴三桂闻听大怒，急挥军而返，三月二十七日重据山海关。整饬军伍，部署兵力，准备抵抗大顺军。李自成得知此情，命释放吴襄，并令其写信给吴三桂，劝之降，吴三桂断然拒绝。四月十三日，李自成偕刘宗敏等将领率20万大军东征吴三桂。吴三桂不顾往日之仇，在自料无法与大顺军武力相抗的情况下，匆匆致书清廷，请派军相助。

多尔衮接到来信，不免疑虑，这位几次拒绝了清朝招降的多年老对手，所言是否真情？其中是否有诈？多尔衮离不开手下一班“高参”，智囊人物范文程等人经过细致、周密的分析，认为吴三桂确实已濒临绝路，所言并非虚情，此为天赐大清朝君临天下之千载难逢的大好时机，不可错过，应当积极响应。多尔衮于是决定，立即调锦州红衣大炮，向山海关进发，并致回书，故意乘三桂之危，置其“裂土以酬”之条件于一旁，行招降之实。其文曰：

向欲与明修好，屡行致书，明国君臣不计国家丧乱，军民死亡，曾无一言相答。是以我国三次进兵攻略，盖示意于明国官吏、军民，欲明国之君熟筹而通好也。若今日则不复出此，惟有底定国家，与民休息而已。予闻流寇攻陷京师，明主惨亡，不胜发指，用是率仁义之师，沉舟破釜，誓不返旌，期必灭贼，出民水火。及伯遣使致书，深为喜悦，遂统兵前进。夫伯思报主恩，与流贼不共戴天，诚忠臣之义也。伯虽向守辽东，与我为敌，今亦勿因前故，尚复怀疑。昔管仲射桓公中钩，后桓公用为仲父，以成霸业。今伯若率众来归，必封以故土，晋为藩王，一则国仇得报，一则身家可保，世世子孙，长享富贵，如河山之永也。

清朝自设内秘书院后，几乎对外往来文书皆由范文程掌墨，这封极其重要的致平西伯吴三桂之信，包括进入北京之前的沿途所发出之书信、发布之文告，更是出自范文程的手笔。乘吴三桂危在旦夕之机，迫其改借兵为归降，亦非不是范文程、洪承畴之辈的主意。对此，吴三桂还是要坚持原来的立场，不改初衷的。四月二十日，清军抵连山驿，收到了吴三桂的第二封信。他在信中告诉多尔衮，大顺军已抵永平一带，只要清军快速挺进、首尾夹攻，定能大败敌军，同时请清军严肃军纪，就是闭口不谈归降之事。于是，多尔衮令清军昼夜兼程，次日便赶到山海关附近。这时，山海关下炮号轰鸣，农民军已经与吴三桂军交火。多尔衮听到喊杀声震天动地，反而怀疑吴三桂的诚意，同时也是为了逼迫吴三桂归降，迟迟不出战。吴三桂实在支持不住了，而且他前有 20 万大顺军，后有 10 余万清军铁骑，完全陷入了绝境，只能把赌注全部押到清军方面。为使清军尽快参战破围，吴三桂于焦急万分中，“遣使者相望于道，凡往返八次，而全军始至，共十四万骑。三桂知清兵已在关外，遂突围出外城，驰入清壁中见九王，称臣，遂髡其首，以白马祭天，乌牛祭地，歃血斩衣，折箭为誓。三桂为前锋，九王总重兵居后队。英王张左翼，统二万骑，从西水关入；裕王张右翼，亦统二万骑，从东水关入。于是三桂复入关，尽髡其民，开关延敌”，吴三桂彻底投进了大清朝的怀抱。

在清军开进山海关城之前，多尔衮命范文程随吴三桂的使者先入城，向祈援若渴的军民宣布：清军应平西伯之邀，前来助战，以解受困之众，即刻便可进城；明朝之帝罹难，此大明臣子之国仇，大顺军在京城多行不义，平西伯之父遭酷刑拷掠，此乃家恨，清军此来，亦为报明朝军民之国仇家恨，一定要挺军北京，灭大顺，斩自成，为崇祯帝发丧；清军以军法为重，一定严守军纪，昔日永平屠城之事，系二贝勒阿敏之所为，先皇帝太宗盛怒之下，已将二贝勒囚禁而死，今日清军非昔时可比，绝不烧杀抢掠、扰及民间，只要不助大顺，不与大清为敌，一概视为清朝臣民，使民安其业，官居其职，万众一心，胜利指日可待。范文程伶牙俐齿，善于说教，经他一番“晓谕”，吴三桂属下军民顿时欢悦，斗志遂旺。

二十二日，一场决定中国前途与命运的殊死恶仗，在山海关一带彻底揭幕。狡猾的多尔衮命清军列阵却不出击，而令吴三桂率军先行迎战，大顺军与吴三桂军各投入了全部精锐。大顺军人多势众，将吴军团团包围，双方均清楚此战的重要意义，所以都全力以赴，竭力死战。眼看大顺军的包围圈越缩越小，吴军使出浑身解数，左冲右突，无济于事，尸横遍野，损失过半。就在双方精疲力竭、两败俱伤之时，一直作壁上观的多尔衮，见收渔人之利机会成熟，令骑兵出击，一时间，“万马奔腾不可止”，大顺军腹背受敌，无法支撑，李自成下令全军撤退，清军乘胜追击，直至 40 里外，缴获大批物资。

得了山海关，多尔衮松了一口气，范文程更是如释重负。他辅佐着皇太极，帮助他运筹帷幄，设典立制，频频西征，即想取此“天下之第一关”，获得入据中原之锁钥。几近二十载，虽日益向雄关靠拢，却不得一见。现在，仅激战一天，便俯首而拾，范文程不敢相信这来之过于迅速的胜利。不过，这毕竟是部分地实现了皇太极遗愿的事实，范文程应当深感喜悦，但他只是如释重负。他非常清醒，夺取山海关仅是打开了中原的大门，彻底击败已经遭受重创的大顺军，以军事战略不出现失误为前提，亦非极其困难。建立大一统天下之关键，还是争取民心，使民众接受大清朝代明而兴、君临全国这一事实。对尚缺乏政治统治经验的满洲贵族来说，其难度是相当大的。范文程感到，新的重任即将压上肩头，他顾不上多看一眼巍峨的城楼，顾不上凭吊死尸枕藉、硝烟未息的战场，便吃力地爬上战马，以高大、病弱之躯，随摄政王多尔衮急驰而去。

大败大顺军后，多尔衮立即封吴三桂为平西王，命其统兵1万，与清军骑兵疾追李自成。大军过处，沿途百姓纷纷逃避，不利于占领区的稳定，也反映出汉族民众对清军的畏惧。范文程遂起草安民告示，声称："义师为尔复君父仇，非杀尔百姓，今所诛者惟闯贼。吏来归，复其位；民来归，复其业。师行以律，必不害汝。"并署上自己的官阶、姓氏，派人四外张贴。范文程出身汉族，且官居大学士，因此对惊慌失措的明朝官吏、惶恐不宁的下层百姓，具有一定的安定其心、号召其心之作用。

五月初二日，多尔衮率清军浩浩荡荡开进了北京城。前此，四月二十三日，吴三桂军追至永平，再战大顺军，胜之，李自成命还军北京，并在途中杀掉了吴襄。二十六日，大顺军至京，李自成兵溃心灰，决计回师山陕，以图东山再起。二十七日，杀吴三桂全家30余口，悬首示众。二十九日，李自成即皇帝位，次日便仓皇向西撤退。多尔衮到达北京时，清军主力已循大顺军之踪追去。

古老的北京城，真是历尽了沧桑。自三月十九日至五月二日，短短的40余天，已经两易其主，从腐朽反动、人心尽丧的大明政权，到幼稚短见、兴衰神速的大顺政权，无论是地主阶级还是农民阶级，崇祯帝还是李自成，谁也没有在皇极殿上坐稳。现在，大清军兵临城下，能否也成为过路之客，这是一路上多尔衮与范文程多次讨论、反复考虑的问题。摸透了清军将士秉性的范文程，不厌其烦地一再提醒多尔衮，必须严申军纪，以安民心，要以新的形象，获得官民的支持与拥护，改掳掠为建业，方能立足燕京，进取中原，底定天下。多尔衮是英明的，他采纳了范文程、洪承畴等汉官的建设性意见，将清军习于劫掠的作风与胸无大志的短浅目光一同放弃，应时顺势，承历史之转折，博时代之垂青。

此时的北京城，令人不寒而栗。大顺军撤离时，将能运走的财宝捆载以去，并放火焚烧宫殿城楼，残垣断壁，处处可见；大明官吏，或走或逃，留下者惊魂未定，伺机南逃；京城百姓战战兢兢，从其饱受战火的痛苦面孔中可以看出，他们还没有从主更臣易、变幻莫测的疑惑中走出来，甚至更加迷惘；地痞无赖乘机蜂起，烧杀抢掠，无恶不作，生灵涂炭，百姓遭殃。面对如此混乱之局，多尔衮在范文程等人的策谋之下，做了周密的准备和动员。

对多尔衮与大清兵的到来，旧明官僚毫无思想准备，大吃一惊。他们虽然经历了一次改朝换代，深谙于随机应变、服侍新主之道，但对往日痛恨切齿、视为洪水猛兽，现在却拖着长长的辫子出现在眼前的满洲人，实在摸不透，不知对方是否会如大顺政权那样对待他们。忐忑不安之中，他们只好诚惶诚恐地聚集在朝阳门5里外，以最虔诚的表情，给予多尔衮以最隆重的迎接，一副奴颜婢膝之相！

这副巴结乞怜的奴才相，在多尔衮抵达朝阳门时就袒露出来了。明朝文武百官劝多尔衮用明帝卤簿，多尔衮故作姿态，说他是“法周公辅成王，不当乘辇”。百官们争先恐后，上前力劝，多尔衮半推半就：“予来定天下，不可不从众意。”遂乘辇至武英殿。后来，他们又具表劝多尔衮进大位，范文程奉命接待，笑着说：“此未是皇帝，吾国皇帝去岁已登极矣，何劝进之有？”不了解大清情况的明官们只好尴尬而出。

入京的第二天，历以安民为怀的范文程，奏启摄政王多尔衮：“燕京百姓，假托搜捕贼孽，首先纷纷，恐致互相仇害，转滋惶扰，应行严禁。”多尔衮立即下令禁止讦告，这对稳定人心与社会治安很有作用。之后，范文程向多尔衮提出了一系列举百废、抚民心、建政权之建议，基本被多尔衮采纳。

首先，为崇祯帝发丧。在范文程的敦促下，五月初四日，多尔衮宣布为崇祯帝发丧，范文程等人为之起草了谕文。此举影响甚大：履行了对吴三桂及沿途发布各项文告之诺言，可谓取“信”于世；谕文说：李自成“纠集丑类，逼陷京城，弑主暴尸，括取诸王、公主、驸马、官民财货，酷刑肆虐，诚天人共愤，法不容诛者”，打着安葬崇祯帝的旗号，强烈抨击大顺政权，以激起明朝官吏兵民对农民军的仇恨，可谓巧手用“智”；我虽敌国，深用悯伤，不计前嫌，为敌国亡君发丧，可谓度大“义”尽；“令官民人等，为崇祯帝服丧三日，以展舆情。著礼部、太常寺备帝礼具葬，除服后，官民俱著遵制剃发”，以汉族政权故帝之礼待崇祯帝，使其虽死亦不失天子之尊，并尊重汉民族习俗，令除服后剃发，可谓“夷”亦通“礼”。总而言之，为崇祯帝发丧，纯属创“仁”声于海内，不失沽名钓誉之举。果然，谕令颁下，“官民大悦，皆颂我朝仁义，声施万代”。

范文程不仅亲自主持了为崇祯帝发丧的一切活动，使人们对清朝的印象有了一定程度的改变，而且还安抚孑遗，善待明朝“殉难诸臣”。故明尚书倪元璐的家属投牒范文程，请求挟丧南还，文程“立遣骑持令箭送至张湾，于是殉难诸臣之丧，多次第南归”。这种政治家的风度，赢得了汉族地主阶级的好感。

其次，录用旧明官吏。清朝接受了明政权，自然包括一大批官员，欲稳定政权，顺利过渡，必须对他们不害其利，不去其位，利用他们丰富的统治、工作经验，为新朝服务，且可收“近悦远来”之效，获得汉族地主阶级的拥护。在此方面，范文程很有政治头脑，他及时向多尔衮提出建议：“官旧其位。”于是，多尔衮发布命令：“各衙门官员，俱照旧录用，可速将职名开报。如虚饰假冒者，罪之。其避贼回籍、隐居山林者，亦具以闻，仍以原官录用。”同时警告他们：“各官宜痛改故明陋习，共砥忠廉，毋朘民自利。我朝臣工不纳贿，不徇私，不修怨，违者必置重典。凡新服官民人等，如蹈此等罪犯，定治以国法，不贷！”此令一出，旧明官吏谋官禄、事新朝，或安心居职，或负囊求投，大清政权初步稳定。

最后，重申军纪。虽然入北京时，多尔衮公布军律，并令军队留驻城外，无其标旗禁止出入，严禁军兵进入百姓之家，违者斩，但清军已抢劫成习，违纪犯律之事不时发生。如正黄旗下三人屠民家犬，主人拒之，遂被射，讼上，多尔衮令斩射人之兵。京城一些市棍地痞，将所掠宫中锦缎服饰，列市叫卖，清兵“艳而争鬻之”。于事敏感的范文程听说后，不无忧虑地说：“甚矣！尔民之愚也。我于王前极言京师百姓之穷苦，严禁抢劫，而今炫耀若此，既动其贪，复启其疑，后言安得入乎？且我惧兵士扰民，各给两月饷而来，今尽以市诸锦绮，向后无食，能无抢夺乎？”于是，“亟出令止之”。果然，抢劫之事出现了，多尔衮在范文程的提醒下，重申军律，凡强取民间一切细物者，鞭八十，贯耳；又设防守燕京内外城门官兵，严禁士卒抢夺。随之，军纪以肃，民情赖安。

抚民、安民，是范文程的一贯思想。作为一名政治家、清朝的主要谋臣，只有安定京师，才能为君临天下之基；只有稳定后方，才能保证前线的军事胜利；只有抚民、安民，才能使四方威服，创一统天下。以汉人身份居大学士之职，是执行抚民、安民政策的有利条件，范文程并没有忽视这一点。据史载：范文程“颇爱百姓。尝曰：‘我大明骨，大清肉耳。’”，短短一句话，既道明了他的身份，又透露出他的内心世界，更使明朝遗民们觉得，范大学士比那些满族官员，甚至比已降归清朝的原明官僚可以信赖。人们开始了解范文程，信任范文程，范文程则顾不得身体健康的不利状况，殚精竭虑，夙兴夜寐，终于为大清朝在鼎革之际比较顺利地立足北京、掌握中原，立下了汗马之劳。随着百废始举，国务日增，范文程操劳更甚，真可谓“日理万机”了。

三、日理万机

仲夏的北京城，天亮得比较早。当东方的太阳刚刚探出半张脸，在午门，出现了一帮抬着桌案、太师椅，手拿笔墨纸张的人，身后跟着一位身材高大、面带倦容、年近 50 岁的人。桌椅安置在午门右侧，几个兵丁两边排开，那位大汉端坐下来，揉了揉充满血丝的眼睛。他，就是又开始了一天之忙碌的范文程。

自入京师以来，多尔衮大概是忙于戎机，闭门不出，策划着一步步军事行动。此时，大乱未定，事务繁多，多尔衮一概委之范文程。为什么多尔衮对范文程如此器重、信赖？其一，范文程以其勤勉忠贞之业绩，已经积累了丰富的工作经验，以稳妥沉毅，获得了威望与尊重，对此，多尔衮是无可怀疑的。其二，洪承畴虽也受到器重，但他的主要才能在于军事方面，而且降清之后，尚未任职，多尔衮对他是否信赖，亦未可知。另外，当时事清之旧汉官中，论雄才大略，无出范文程之右者。其三，新归顺的明朝官员，多尔衮对他们是不放心的。虽然他下令“在京内阁、六部、都察院等衙门官员，俱以原官，同满官一体办事”，但那纯系过渡时期不得已采取的权宜之计。一方面，“官仍其旧”，既是履行承诺，又可安定人心；另一方面，满洲官僚缺乏治国经验，不谙中原政权统治之道，以汉官任事，满官督之，不失为可行之策。就这样，范文程肩荷重任，日无暇时。多尔衮对以范文程为首的内院汉官之殷繁工作，非常理解，尽力支持。都察院参政祖可法、张存仁奏称，吏、兵二部，任事不实，仍蹈明朝恶习，互相推诿，任用匪人，贻误非小。宜将内院“通达治理之人”，暂摄吏、兵二部事务。言外之意，用内院汉官出掌人事、军事部任。多尔衮亦表赞同：“尔等言是，但内院机务殷繁，不便令其署理部务。”没有为范文程等人雪上加霜，命其兼理部务；更不能让范文程离开策计国运、参与机密的内秘书院。多尔衮需要范文程发挥其全部才能，而不是一面之才。

于是，“午门右”成为范文程经常性的临时办公处所。究竟范文程忙到什么程度？清人为此纷纷描述。或曰：“时官阙灰烬，百度废弛，于是安抚孑遗，举用废斥，招集诸曹胥吏，收其册籍……畿内甫平，军兴四出，腾布文告，应给军需，事无巨细，皆决于文程。案牍委积，昼夜立阙下，兼听并观，凡所措置，无不周当。”或云：“时官阙灰烬，百度废弛，千里之内，烟火仅属。于是安抚孑遗，举用废官，搜求隐逸，征考文献，更定律令，广开言路，招集诸曹胥吏，收其册籍……畿甸甫平，挞伐四出，文武甲兵，事无巨细，咸公综理之。案牍填委，昼夜立阙下，并观兼听，剖决如流，凡所措置准，故典合时宜，靡不允当。”由此可见，范文程成为清政府的实际主持人了。另外，从多尔衮出征始，到顺治初年冯铨等人受重用，清朝的文墨工作，几乎均出自范文程之手。

范文程确实忙得不亦乐乎，他的工作涉及范围太广，由他决策的事务也太多，我们无法面面俱到，仅据文献所直接体现者概述一二。

一、取消“三饷”加派。“三饷”加派是导致明朝直接灭亡的原因之一，对此，多尔衮清楚，留心政务的范文程更熟知。国家机器运转起来，赋税征收也就开始了。清政府刚刚入京，接收了明政权，原户部册籍便成为定额征赋的主要依据。但农民军一场大火，已将各种册籍化为灰烬，仅存下万历时期的旧册籍，于是，有的官员主张令各直省依照明末赋税标准，另编新册籍，这就意味着要将明末“三饷”加派及其他苛捐杂税囊括进来。“文程不可，曰：‘即此为额，犹恐病民，岂可更求哉！’自是，天下田赋，悉照万历年间则例，除天启、崇祯时诸加派，民获苏息。”经范文程、多尔衮等人商定，顺治元年（1644）七月，清政府以摄政王的名义下谕：

至于前朝弊政，厉民最甚者，莫如加派辽饷；以致民穷盗起，而复加剿饷；再为各边抽练，而复加练饷。惟此三饷，数倍正供，苦累小民，剔脂刮髓，远者二十余年，近者十余年，天下嗷嗷，朝不及夕。更有召买粮料，名为当官平市，实则计亩加征，初议准作正粮，既而不与销算。有时米价腾贵，每石四、五两不等，部议止给五分之一，高下予夺，惟贿是凭。而交纳衙门，又有奸人包揽，猾胥抑勒，明是三饷之外，重增一倍催科，巧取殃民，尤为秕政。

兹哀尔百姓困穷，夙害未除，痌瘝切体，徼天之灵，为尔下民请命。自顺治元年为始，凡正额之外，一切加派，如辽饷、剿饷、练饷，及召买米、豆，尽行蠲免。各该抚、按，即行所属各道、府、州、县，军、卫衙门，大张榜示，晓谕通知。如有官吏朦胧混征暗派者，察实纠参，必杀无赦。倘纵容不举，即与同坐。各巡按御史，作速叱驭登途，亲自问民疾苦，凡境内贪官污吏、加耗受赇等事，朝闻夕奏，毋得少稽。若从前委理刑官查盘，委府、州、县访恶，纯是科索纸赎，搜取赃罚，名为除害，实属害民，今一切严行禁绝。州、县仓库、钱粮，止许道、府时时亲核；衙蠹、豪恶，止许于告发时从重治罪，总不容假公济私，朘民肥己，有负朝廷惠养元元至意。①

这篇一定是出自范文程手笔的重要谕令，非同寻常，它不仅宣告了明中期以来压在广大劳动民众身上的负担大大减轻，在当时争取了从汉族地主阶级到农民阶级对大清的普遍理解与赞许（还不敢说是拥戴），而且，对社会政治的稳定发挥了作用，更为17世纪中叶以后封建经济的复苏和繁荣准备了基本的

①《清世祖实录》卷6。

条件，为“康乾盛世”的出现奠定了必不可少的基础。

这篇谕文，结构巧妙，开笔便揭露“三饷”及各项苛捐杂税给广大民众造成的沉重经济负担与社会灾难，抨击明朝贪官污吏、狡役猾胥舞弊弄奸，祸国殃民；继之宣布停止“三饷”加派，并警告各级官员，不得假公济私，以身试法。如此鲜明的对比，意在引起人们对大明之不满与对大清之好感，“远来近悦”，袭取民心。主观愿望也好，客观效果也罢，谕令颁下，众皆欢欣，“民获苏息”，其言可信，范文程于清、于民、于时代之贡献，已概然可见。

二、恢复科举制度。科举考试是中国封建社会选拔官吏的主要途径，亦是笼络地主阶级，尤其是中下层地主的重要手段。皇太极时期，范文程在此方面已经做了一些工作，为清政府选拔了一批入关之后活跃于政治舞台上的比较突出有为的人才。入关之初，范文程先是建议官仍其位，并“举用废官，搜求隐逸”，待局势稍稳，遂主张恢复科举考试。顺治二年、三年（1645、1646），清政府两次开科取士，然“通籍者，皆江北士”。顺治二年（1645）六月，清军南下，灭南京福王政权。十月，范文程上疏言：“治天下在得民心，士为秀民，士心得则民心得矣，宜广其途以搜之。清于丙戌会试后，八月再行乡试，丁亥二月再行会试。”丙戌年是顺治三年（1646），丁亥年是顺治四年（1647）。正常情况下，科举考试为三年一次，范文程因江南为文人荟萃之地，提出破格增加考试，以将南方地主阶级知识分子网罗到清政府中，利用他们的影响稳定民心，是分化反清阵营所实行的非常有效的办法。

范文程恢复科举、因时增试的建议，得到多尔衮的支持，并按典制以行。如顺治三年（1646）的考试，隆重、热烈。正月二十六日，礼部奏称："龙飞首科，正士类弹冠之日。今年二月，会试天下举人，其中式名额，及内帘房考官，均宜增广其数，以收人才而襄盛治。"依明朝旧例，每次一般取中 300 人左右。多尔衮同意礼部的意见，"开科之始，人文宜广"，准中式额数广至 400 人，房考 20 人，后不为例。二月初四日，任命大学士范文程、刚林、冯铨、宁完我为会试总裁官。原定于初九日开考，但由于"兵火之余，道路梗塞"，各省举子一时难齐，遂展期于十九日举行。三月十五日，行殿试。此次开科，取中傅以渐、吕缵祖、李奭棠、多象谦、梁清宽、胡兆龙、李若琛、黄志遴、张嘉、石申、董笃行、胡之骏、夏敷九、傅维鳞、王公选、王炳昆、王士骥、朱之锡、韦成贤、王元咎、魏象枢、王一骥、陆嵩、魏裔介、杭齐苏、宋杞、沙澄、单若鲁、李培真、乔映伍、张文明、杨思圣、常居仁、王舜年、王紫绶、沈兆行、艾元徵、法若真、蓝滋、杨运昌、刘泽芳、张尔素、傅作霖等进士。据有人统计，此科进士中，出了 4 位大学士、8 位尚书、15 位侍郎、3 位督抚以及都察院副都御史、通政司使、大理寺卿、内院学士等。会试前有入闱礼，赐宴于礼部，列仪仗、乐队，迎会试主考官至部行礼，赐宴。会试毕，照例赐宴于礼部。

除此次会试之外，同年范文程还任武会试监试官；翌年，任会试主考官、殿试读卷官；顺治六年（1649），再任会试主考官。

科举制的恢复，扩大了清朝的统治基础。如顺治四年（1647）取士，中式者中江南士子超过40%，“士心得则民心得矣”，表明南方地主阶级随着清朝军事征服的扩展，开始加入清政权中，并不计较“华夷之大防”了。同时，通过科举考试，一批新的人才崛起，他们成为取代清朝当政者信疑参半之旧明官僚的重要力量，有助于清政府在新陈代谢中，逐步清除明末官场恶习、败落士风对国家政权的不利影响。范文程不仅力主恢复科举，而且亲自参与，保证顺利实施，其对清初政权建设的贡献是巨大的。顺康时期辈出之名臣，许多人是由范文程从考试中选拔出来的，他们是强盛的大清赖以撑起的人才支柱之一。

同时，明末以来科举士子尊考官为师而不重授业之师的习气，使范文程名“徒”满朝，在清初政府中，愈加受到人们的尊敬。

三、更定律令，制定典制。律令涉及国家大法、立国之本，至关重要。虽然“清承明制”，但随着历史的发展，社会状况的变化，一些律令内容已经过时，对此进行一番修改、扬弃，是十分必要的。而且，清军入关，满洲贵族为主体的清政权取代大明，也必然要在国家律令方面增加一些具有民族特色或是有利于满洲贵族的内容，相应地，也要废除、删削去一些于己不利的律令。入关之初，在多尔衮任用洪承畴、冯铨、宁完我、宋权等人为大学士之前，北京政权颁布的各项律令，基本上是由范文程独任其重，虽然文献中并未说明是他秉墨。

初入北京，百废待兴，事务殷繁，各项律令也就朝见夕有，迭出不穷，且多是关系大局，或对后来影响深刻者。其中有范文程手订者，亦有秉承多尔衮旨意而捉笔起草者。即如顺治元年（1644）为例，“剃发令”之颁行，则是满洲贵族的基本方针，多尔衮之鲜明态度。文告虽由范文程秉笔，主导思想却是由多尔衮等人既定的。自努尔哈赤以来，征服之地，凡降顺之民皆剃发，这是一贯的政策。再如军律，前已指出，是范文程提议，多尔衮决定，但行之于文者，免不了是范文程。

即便在任用冯铨等大学士之后，制定律令以及典章制度之损益，范文程仍多有介入。如顺治四年（1647）十月初一日多尔衮对大学士范文程、刚林、祁充格，礼部尚书郎球等人说：“史籍载记诸事，过誉尤属可耻，不如写实。史不在誉，国泰民安，则其治道善；国乱民忧，则其治道不善。此当明白开谕矣。为人若只重名，尊卑不分，刻意求之，亦只求名而已。不知书者虽曰知，然其未可尽知。除内三院外，凡六部所定事宜，予以为亦有不实者。”多尔衮明确肯定了内三院工作的认真、务实，而其中与国家政务关系最大、最繁忙者，是范文程主持的内秘书院。有鉴于此，多尔衮谕令：“著尔礼部所有议定事宜，会同内院一并议定。”表示了对内三院的信任。由此，内三院的工作更加忙碌。既然六部所定事宜，多尔衮皆有怀疑，那么内三院大臣——尤其是范文程，便不得不遵命参与这些事宜的制定。于是我们有理由相信，清人所谓“事无巨细，咸公综理之”，并非虚赞夸诞之辞。

四、撰修翻译书籍。顺治初年，范文程虽忙无暇日，仍参加了文化建设工作。在撰修书籍方面，主要是参加了《明史》《清太宗实录》的编撰工作。

《明史》虽成于乾隆四年（1739），但着手较早。顺治二年（1645），清廷命内三院大学士冯铨、洪承畴、李建泰、范文程、刚林、祁充格为《明史》总裁官，遵中国古代历朝惯例，为前朝修史。但非常遗憾，此次事违人愿，《明史》未成。究其原因，一是全国政局不稳，南方反清斗争此伏彼起，军务殷繁，无暇顾及修史之务；二是《明实录》不全，史料匮乏，难以着手；三是总裁官们变动大。冯铨为明朝阉党，为士大夫所不齿；洪承畴于顺治二年（1645）闰六月外遣招抚江南，顺治十年（1653）又经略西南地区，很少在朝；李建泰于顺治二年（1645）十二月即因罪罢职，顺治七年（1650）叛清伏诛；顺治八年（1651），世祖福临追论多尔衮罪，刚林、祁充格以阿附睿王，论斩，同时，冯铨被勒令致仕。在朝稳坐者，仅范文程一人耳，《明史》焉能成乎？

清政府组建班子撰修《清太宗实录》，在时间上晚于预修《明史》，便更加郑重。顺治六年（1649）正月初八日，清廷命大学士范文程、刚林、祁充格、洪承畴、冯铨、宁完我、宋权充《太宗文皇帝实录》总裁官，并特颁敕书，曰："兹者，恭修《太宗文皇帝实录》，择于顺治六年（1649）正月初八日开馆。朕惟帝王抚宇膺图，绥猷建极，凡一代之兴，必垂一代之史，以觐扬于后世，诚要务也。我太宗文皇帝应天顺人，安内攘外，在位十有七年，仰惟文德之昭，武功之盛，以及号令赏罚、典谟训诰，皆国家之大经大法。尔等稽核记注，编纂修辑，尚其夙夜勤恪，考据精详，毋浮夸以失实，毋偏执以废公，毋疏忽以致阙遗，毋怠玩以淹岁月，敬成一代之令典，永作万年之成宪。各殚乃心，以副朕意。钦此。”此次修《清太宗实录》，主要依靠的是范文程、刚林、祁充格、宁完我等皇太极时期的老臣，而其中，因范文程是太宗信赖之谋臣，入关前清朝之国家大政、典章制度，多有参与，故纂实录时是主要主持者。多尔衮摄政时期修纂之《清太宗实录》，福临亲政后又加改写，范文程亦为总裁官。下文中我们还会谈到。

范文程居汉大学士位，又会满文，因此译书工作少不了他的主持。仅见于《清世祖实录》，范文程参与的汉译满之作，有两部。顺治三年（1646）四月，明《洪武宝训》译成，“洪武”是明太祖朱元璋的年号。主持翻译的大学士，首位便是范文程，此外还有刚林、祁充格、冯铨、宁完我。《洪武宝训》的译成，对清朝最高统治者从汉族政权中汲取封建君主专制统治之经验，具有重要的作用。范文程主持的另一部译作是《三国志》。三国的故事，不仅受到汉、满人民的喜爱，亦受到努尔哈赤、皇太极以及历代清帝之青睐，他们很注重从封建王朝的更迭兴衰中学习有助于其建立并维护专制统治的一切宝贵的东西。顺治七年（1650）四月，《三国志》翻译告成，范文程与大学士刚林、祁充格、宁完我、洪承畴、冯铨、宋权均得到赏赐。

顺治初年范文程所从事的工作不只以上所列，只是囿于文献之不足，难考其详，不能不说这是一大遗憾。但就现有资料以及清人评述，已足以将范文程日理万机之形象展现在我们面前。其对清朝入关之后典制之建、大政之决、人才之揽、民心之得，都做出了突出的贡献。

范文程不可能不清楚，他可以称得上是“开国重臣”了，然而，他更清楚，“功高震主”，这是封建专制之下最危险的，所以，他愈加谨小慎微，不敢疏怠。虽然如此，在清初政局多变，清政府内部党派斗争中，范文程不可能孤立远避，与任何人无涉。事实是，范文程正面临一场个人危机。

第六章 获罪摄政

一、心有余悸

自被掳到建州女真这块土地，自进入政界成为大清之忠诚谋臣，范文程时时刻刻提醒自己，在如履薄冰的宦海生涯中，处处都要小心翼翼，有时甚至不得不忍辱求生，以免遭不测。他深知，有许多理由，使他不得不谨慎从事。

其一，封建专制时代，帝王君主的喜怒哀乐，决定着众臣百姓的命运。逢君喜时，臣有过亦宥之；逢君怒时，臣无过亦责之。例如皇太极的晚年，权力日益集中，性格也愈益暴躁，许多亲王、大臣动辄得咎，或被削爵，或被罢官。范文程侍其左右，依靠着忠贞不贰、谨小慎微，才得到了皇太极眷宠不衰的结局。

其二，范文程任事于异族政权，终清一代，满、汉矛盾从未真正清除过，只是时显时隐，程度不同而已。在入关前后的清初时期，满、汉矛盾要更加突出一些，即使在清政权内部，即使是自称“万民之主”、要实现“满汉一体”的皇太极，在特殊情况下，还是要维护满洲的利益，“首崇满洲”是他们的基本原则。因此，就汉臣来说，随时随地都有由于或多或少触犯满洲贵族们的利益而引来杀身之祸的可能。

对后一类情况，早在皇太极时期，范文程就已不陌生了。其中有两件事影响很大，一起发生于范文程未脱奴籍之时，一起则发生在他任大学士之后。

天聪元年（明天启七年，1627）初，皇太极一面摆出欲与明“议和”的架势，一面遣二贝勒阿敏统大军征伐朝鲜。三月，有生员名岳起鸾者，错误地以为，新汗初继位，开始改善汉人待遇，颇有励精图治之象，那么，对于汉人之忠告谏言，必虚怀纳受，遂上言：“我国大兵，尚未渡江，潜往凤凰城何益？宜速撤回。倘京城有警，路远难以猝至，其谁与守？”“宜与明国议和，不和，恐我国人民散亡殆尽。若与明和，应将汉人速行放还，否则，亦当归其绅士，不可迟疑也。”岳起鸾之上书，向人们透露了以下信息：第一，金廷倾兵力侵朝鲜，以致京城防务空虚；第二，下层民众纷纷逃亡，数量相当可观；第三，广大汉民，包括绅士阶层，在当时受到普遍的虐待。岳起鸾有感而发，自以为所言为后金着想，亦对汉人有利。然而，这位天真幼稚的书生，闯下了杀身大祸。善于玩弄权术的皇太极，当即集合众汉官，宣布了截头去尾的岳起鸾上书，并说：“明人若遣使来，聘问以礼，归我逃民，则修好有名，自可许和。至俘获士民，天之所当，岂可复还敌国耶？”遂命众汉官集议。众汉官皆知皇太极杀一儆百之用意，怎敢稍有犹豫，见疑于大汗？于是，一个个“怒不可遏”，奏请杀岳起鸾。皇太极故作姿态，假惺惺地说：“尔等欲杀之，良是。但恐杀此人，后无复有敢言者。”汉官们急忙抓住这个表达其对后金忠贞不贰之绝好机会，争先恐后，匍匐而前，跪奏曰：“此等之人，蓄谋向敌，不可不诛。”皇太极“顺从舆情”，将岳起鸾交众汉官剐之。

如果说岳起鸾之死，是由于“聪明反被聪明误”，而且奏文中确有令皇太极难以接受之处；那么后来孙应时之死，则是过不成罪，屈死为鬼。

崇德三年（明崇祯十一年，1638）八月，礼部承政、镶红旗甲喇章京祝世昌上奏，请“俘获良家之妻，勿令为娼”（《清太宗实录》为“俘获敌人之妻，不可令其为娼妓”，此从档案）。皇太极大怒，先是严旨切责，继之令固山额真石廷柱、马光远与诸汉官会审，追查原委。经审讯，定议：祝世昌身在大清，其心尚在明国，护庇汉人，与奸细无异，应论死，籍其家；祝世阴与兄同居，却坚称不知祝世昌上奏之事，亦论死，籍其家；启心郎孙应时见祝奏文有不顺之处，帮助改正，实系祝世昌同谋，应论死；甲喇章京姜新、马光先曾阅此疏，不仅不予劝阻，反而叫好，俱应革职，各罚银100两，姜新解部任。皇太极批示：祝世昌、祝世阴免死，发边外锡伯地方安置；孙应时斩；姜新以招抚大凌河时，往来通使有功，免罪，解部任；马光先有建昌归顺之功，亦免罪。

笔者没有见到祝世昌奏疏全文，斗胆妄加揣测，无非是认为，使良家妻为娼妓，不合人伦，且不利于与明争夺人心，会激起广大汉民之义愤，如此之类。祝世昌或许以为，直言上谏，人臣之分，而且皇太极一再鼓励臣下“犯颜直谏”；礼部掌文明教化，端风正俗，迫良家妻为娼，不仅败坏了社会风气，而且影响军纪，使满洲官兵耽于色途，他身为礼部承政要职，有责任提醒皇太极去此恶习，为大清谋久远之计。

祝世昌本没有错，即使说错，亦非杀头之罪；孙应时更无错，就算祝世昌有罪，主犯尚不处死，岂有同谋被斩之理？那么，究竟是什么原因触怒了皇太极，要大兴此狱，株连多人？说祝世昌“身在大清，其心尚在明国，护庇汉人，与奸细无异”，纯系牵强附会之辞，真正的原因并没有、也无法说出来。入关之前，清军靠掠夺财物、分配俘获刺激满洲官兵的积极性，妇女，自然亦属分配之物。逼良为娼，既是对拒不降顺者的惩罚，又能满足八旗官兵的生理之欲，祝世昌要求改变这种状况，无疑会激起八旗官兵、满洲贵族之愤恨，皇太极不会不考虑到这一点。而且，使良充娼是人人切齿之事，于清朝之声誉大有关系，传播出去，影响将会极其恶劣。所以，皇太极要严治诸人，使臣下对此不敢再言。因祝世昌是从镇江来归之将，又屡次从征立功，皇太极不忍刀钺相加，只好让孙应时做替死鬼了。

这两起事件，皆因上奏者言之不当，触犯了满洲贵族的利益，引来了杀身之祸。血的教训，足令广大汉人不寒而栗，缄默不敢多言了。机警的范文程，更会以之为戒，小心翼翼。

其三，满洲贵族内部矛盾重重，党派之争时有发生，夹在其中的汉臣有时左右为难，不知所从。即以范文程来说，他原是镶红旗下的奴仆，天聪三年（明崇祯二年，1629），虽经考试，拔出奴籍，但仍隶镶红旗，这样，他便有了双重主人。在朝，他是皇帝的大臣；在旗，则是镶红旗旗主硕讬的属民。在朝，他遵皇太极之命；回旗，则受硕讬指使。假如皇帝与旗主之间发生矛盾，范文程又该如何对待呢？在当时，并非范文程一人特殊，两黄旗之外的汉臣都是这种处境。

清朝的中央集权制是逐步发展起来的，经历了相当长的一段时间，在这段时间内，身为各旗旗主的亲王、贝勒们，不仅自身拥有许多特权，而且对自己的旗拥有广泛的控制与支配的权力，从某种意义上来说，是一种与皇权相抗衡、与中央集权相违背的分离势力。一方要加强中央集权，一方要维护自身权力，双方的矛盾不可避免，于是，在清朝历史上演出了一幕幕骨肉相杀、煮豆燃萁的惨剧。

皇太极从登汗位，到称帝，到统治稳固，走的就是这条路。天聪四年（明崇祯三年，1630），他借永平之败，幽禁阿敏；次年，又摧抑莽古尔泰，使其忧郁而逝；天聪九年（明崇祯八年，1635）谴责代善，迫其认罪。三大贝勒或死或从，仅剩皇太极南面独尊。终皇太极之世，没有哪位亲王、贝勒未受过他的惩罚、谴责的。当然，在皇太极打击王权、加强皇权的过程中，范文程是否曾为其出谋划策，亦未可知。但范文程毕竟属于“聪明人”那一排的前列者，他既侍奉得皇太极非常满意，无可挑剔，又不得罪诸王、贝勒，防止背靠之树倒下的那一天遭难。

范文程基本上成功了。在皇太极猝然病死的那一刻，范文程明智地回避了满洲贵族各派对帝位之争夺，虽然他的旗主硕讬被绞杀，镶红旗汉人被拨往黄旗之下，他在朝中的稳固地位却未受影响。

然而，侥幸并不等于从危险之中彻底解脱出来，老谋深算的范文程无论如何也没有想到，他没有遭到政治上的挫折，却蒙受了人身耻辱，太出乎他的意料之中的耻辱——夺妻。

和硕豫亲王多铎是清朝有名的风流王爷、好色之徒。皇太极在世时不止一次地批评他，说他“服色奇异，流于般乐”“以妓女为恋”。好色并非仅是多铎之癖，多尔衮、阿济格，许多满洲贵族率皆如此，只不过多铎更甚于别人。皇太极逝世时，多铎年近 30 岁，正是“潇洒”尚存，又接近“如狼”的年龄，其“色瘾”正进入巅峰期。为了满足色欲，他不顾影响，不计后果，什么事都干得出来。例如，顺治元年（明崇祯十七年，1644）二月，他擅自取出户部的户籍档册，按册召集所有八旗女子，供其自点“鸳鸯谱”。就是这位荒唐已极、无耻已甚的浪荡公子，大行皇帝尸骨未寒，多铎竟要夺先帝宠臣范文程的妻子，据为己有。

范文程之妻是否天姿国色，未见文献记载，但一定丰润动人，亭亭玉立，否则，多铎绝不会甘冒风险，行此不义。据清朝官书所说，和硕肃亲王豪格“知其事，不发”。笔者怀疑，究竟豪格仅是知情者而非同谋，还是多尔衮、济尔哈朗等人觉得皇太极初逝，即定其子重罪，于理不合，于心不忍，而姑且宽宥？很有可能豪格是多铎的帮凶。崇德八年（明崇祯十六年，1643）十月，多铎阴谋败露，诸王、贝勒、大臣会审，得实、定罪：罚多铎银 1000 两，夺 15 牛录；罚豪格银 3000 两。范文程夫妻虚惊一场未被拆散。

多铎如此胆大妄为，与以为皇太极死后范文程失去靠山不无关系。只是由于范文程威信较高，多尔衮、济尔哈朗对他亦有依倚敬重，才得以化险为夷。然而，范文程的精神世界却没有像这次事件过后那样风平浪静，作为儒臣士大夫，妻子遭人暗算，实乃奇耻大辱。不仅如此，“夺妻”风波还在两个方面促使范文程更加谨慎，更加清醒。一方面，范文程虽是国家重臣，但他是汉人，没有特权，没有满洲贵族那种尊贵的地位，在对方眼中，是奴仆的奴仆，有人敢夺其妻，就有人敢夺其命。另一方面，“一朝天子一朝臣”，皇太极刚死，范文程便蒙此羞辱，使他不能不深刻体验到，主更臣危，臣之命运随主之意愿而动。努尔哈赤之死给范文程带来命运的转折，脱离奴籍，扶摇直上；皇太极之薨则使他受了一场惊吓，实际上是向他发出了一个危险信号，给他一个警告。范文程深通此理。从此后，他不以一主为恃，采取了更加稳妥慎重、小心翼翼的态度，“明哲保身”。

有人说，此事发生后，范文程因此大病一场，不得不去盖州汤泉驿疗养。其实，范文程并没有显出懦弱与缺少气度，他依然如旧，照常上班，按时入朝。

十一月初一日，明军把总刘自强率部锦宗、藏有功，奉命侦察，至石城岛降清，范文程、希福受令“鞫之”，并向和硕郑亲王汇报。

同月十七日，清军攻陷中后所（今辽宁绥中）后，明军中有人由宁远骑马投清，觅其妻子，范文程奉命审讯，并向武英郡王汇报。

十二月初九日，清军前锋兵往明境“捉生”，抓获宁远卫陶山台守两人，由大学士希福、范文程，学士吴达里审之，次日向和硕睿亲王、肃亲王等人汇报。

同月十四日，明军宁远闲散守备孙友白自中后所乘骑归清，大学士希福、范文程，学士吴达里奉命审问，并向诸王汇报。

同月十九日，额斯图进银元一、银龟一、银小扁壶一，大学士希福、范文程，学士额色里接收。

此后，档案中断，直到顺治元年（明崇祯十七年，1644）四月初四日范文程才露面，上启摄政王，请举兵入关。

上列日程表说明，“夺妻”案发生后，范文程并未立即病倒，因顺治元年（明崇祯十七年，1644）正月至三月的档案缺载，范文程至少工作到崇德八年（1643）十二月十九日。至于他去汤泉驿疗养的时间，按照中国人的传统，春节是重大节日，整个正月都忙于家人欢聚、探亲访友，最大的可能性是正月之后。可见，范文程不仅有极强的自尊心，而且还有极强的毅力，把羞辱与痛苦深埋于内心，不使任何人有所觉察。当然，多尔衮与济尔哈朗不仅器重，而且非常需要办事稳妥、工作熟练、威望素著的范文程，一定会对他安抚一番，这对范文程来说，可聊以慰藉了。

此外，还有人认为，范文程去汤泉驿疗养，就是“夺妻”案后大病所致。笔者认为，这是夸大其词，故不敢苟同。崇德年间，范文程身体欠佳，此人所共知，长期劳累，不得休息，遂每况愈下；皇太极猝死，与皇太极感情甚笃的范文程不无忧伤；正当他硬撑着多病的身体，综理着国家大政的关键时刻，遭人欺辱，于是心中烦闷，一腔窝囊气无处发泄，遂病上加病，体力难支。从正月到三月，清政府比较安静，没有大的军事、政治行动，范文程便乘此机会，告假休养。多尔衮、济尔哈朗无法夺情，只能准假。然内三院诸务繁忙，不得已，于二月初十日增设内三院学士各一人，以觉罗伊图为秘书院学士，来衮为国史院学士，查布海为弘文院学士。所以，范文程告假休息，绝非一事致病，而是多种因素作用的结果，只不过是“夺妻”案加重了他的病情而已。

一场风波终于平息了，但疗养中的范文程却仍百感交集，心绪难安。效劳大清，忠心耿耿，论意，不谓不诚；运筹帷幄，创典立制，论功，不谓不高；提领秘院，帝侧臣前，论位，不谓不尊。居大学士之位，食正二品之禄，却差点儿失妻破家，范文程越想越不安，心有余悸，势所难免。

然而，更严峻的考验还在后面。新君福临年幼，虽然名义上是睿、郑两亲王摄政，但实际大权操纵于多尔衮之手。在尔虞我诈、你抢我夺的政治斗争中，只有那些心狠手辣、无毒不丈夫的人，才会赢得最终的胜利，这个道理，范文程早已有了深刻的认识和理解。那么，眼前这位年轻、风流、智勇双全的王爷，是否属于善玩权术、心毒手黑那一类？他会对汉人怎么样，又将如何对待范文程？

二、旧臣失欢

崇德年间，大学士范文程与多尔衮之间的关系，就文献所提供的内容来看，应当说是很融洽的。

和硕睿亲王多尔衮统摄吏部时，与范文程有过默契的合作。崇德三年（明崇祯十一年，1638），范文程与大学士希福、刚林联合上奏，请改革六部二院官制，皇太极命多尔衮具体制定。在吏部更定官制过程中，内三院大学士的参与是必不可少的，双方通力合作，使新官制顺利而又迅速地出台、实施。

多尔衮对范文程还有一种感激之情。崇德六年（明崇祯十四年，1641），因多尔衮围锦州时曾遣部分官兵轮流还家，皇太极大怒，不许诸将入城，范文程城里城外奔波，在皇帝、多尔衮为首的诸将之间反复规劝，终于使皇太极盛怒渐消，多尔衮化险为夷。对范文程的劝解之功，多尔衮内心是很感激的。

皇太极谢世后，多尔衮对范文程仍信赖如先帝。他将范文程等汉人移入两黄旗，既使他们免除“一臣双主”的艰难处境，抬高了他们的旗分地位，又将许多汉臣完全置于自己的控制之下，可谓一举多得。当多铎谋夺范文程之妻时，多尔衮毫不犹豫，与诸王、贝勒、大臣们合议，坚决惩罚了多铎，可算是为范文程“做主”了。

顺治元年（明崇祯十七年，1644）三月底左右，清廷在具有决定意义的大举发兵入关前夕，对出征之目的、战略指导思想等问题，似乎存有分歧，多尔衮亦拿不定主意。议而未决之际，摄政王想到了智谋超群的范文程，急令召其还京。四月初四日范文程便上奏摄政王，一言九鼎，为清朝制定了历史大转折关键时刻的战略指导方针。多尔衮当即接受，初九日，大军出发。这件事，充分反映出当时范文程在清廷、在多尔衮心目中之重要地位与影响。

从沈阳到山海关，到北京，一路上清军所发布的各项文告，几乎皆出自范文程；沿途对明朝军民的宣传、争取工作，率由范文程执行。至于入京之后，鼎革之际，范文程之日理万机，前已有述，此不赘言。这一切，都说明多尔衮对范文程是信赖无疑的，范文程顺利地从太宗之谋臣成为摄政之辅佐。为奖赏范文程的卓越功绩，顺治二年（1645）正月，清廷“以开国著劳，升大学士、二等甲喇章京范文程为三等梅勒章京”。

随着清军的胜利进军，北京政权的初步稳定，一批批新人渐受重用，范文程独领风骚的局面开始被打破。

第一位迅速崛起的人物是洪承畴。洪承畴降顺后，皇太极大喜，“即日赏赍无算，置酒陈百戏”，惹得众将心中不快，牢骚满腹，说：“上何待承畴之重也！”皇太极则问诸将：“吾曹栉风沐雨数十年，将欲何为？”诸将答：“欲得中原耳。”皇太极笑着比喻道：“譬诸行道，吾等皆瞽。今获一导者，吾安得不乐？”果然，洪承畴为大清朝底定江山，效尽犬马之劳。皇太极独具慧眼，令人叹服。但不幸，还没有来得及重用洪承畴，皇太极便死去了。

清军举兵挺进山海关，多尔衮携洪承畴以行，询其军事韬略，并以洪承畴的名义传檄远近，动员明朝军民杀“贼”降清。顺治元年（明崇祯十七年，1644）六月初一日，清廷令洪承畴“仍以太子太保、兵部尚书兼都察院右副都御史，同内院官佐理机务”，洪承畴开始了仕宦清朝的生涯。洪承畴颇富军事谋略，所以，顺治二年（1645）以后，他多在外综理军务，范文程则在朝内主持政务，双方没有什么利害冲突。

另一位受重用的降臣是明朝阉党冯铨。不知是洪承畴或是其他什么人推荐，还是摄政睿亲王久闻大名，刚一入北京，多尔衮便“以书征故明大学士冯铨，铨闻命即至，王赐以所服衣帽并鞍马、银币”。冯铨来归，多尔衮似乎有大喜过望之感，信之不疑，令以原衔入内院佐理机务。冯铨投清仅一个月，六月十四日，多尔衮便对冯铨、洪承畴说：“予知晓流贼应斩除，而不知定国抚远之策，故赖尔等二人。”宠信之意，溢于言表。顺治二年（1645）三月定部院官制，授冯铨弘文院大学士，兼礼部尚书。同年八月，正当众言官群起弹劾冯铨时，多尔衮不仅极尽庇护，而且竟赏赐其一品顶戴。顺治三年、四年（1646、1647），冯铨两充会试正考官；顺治六年（1649）任《清太宗实录》总裁官，恩诏加少傅兼太子太保。

对于洪承畴，范文程是看中他的。成功地规劝洪承畴降清，范文程实出大力。皇太极之非常重视洪承畴，爱惜其才，亦非不是受范文程的影响。然对冯铨则不然，冯系明末阉党，魏忠贤之徒，臭名远扬，士大夫耻于与其交往，范文程也瞧不起他。据清人所言，范文程曾玩语言游戏，捉弄冯铨。顺治初年，冯铨与范文程共坐午门理事，范文程为冯铨让座，“铨匿其齿，范戏之曰：‘犹自谓美少年耶？’”。冯铨为讨好新朝主子，每日学习满语清字，范文程不无讽刺地说：“毕竟冯公经凿混沌开，聪明与人不同也。”冯铨不以之为羞，反以为荣。

实事求是地讲，冯铨虽有贪图官禄之瘾，阿谀逢迎之好，其品德为世人所指责，但当大顺军胜利发展，明朝官宦纷纷降顺之时，他拒不投降，组织抵抗，可谓忠于大明。论能力，冯铨亦非庸碌无为之辈，他有实际工作经验以及处理政务的才能。如不然，其绝不会受多尔衮重用而不衰，更不会被顺治帝赶回家乡后，不得不又召其回朝。冯铨错就错在个人品格之低劣及受明末以来党争之牵连。

定鼎燕京后，多尔衮除任用两位新人之外，还起用了老臣宁完我为学士。顺治二年（1645）五月，授内弘文院大学士，先后两次充会试总裁，又任《明史》总裁，监修《清太宗实录》，译《三国志》《洪武宝训》诸书。经历了人生坎坷曲折与艰难困苦，再次脱出奴籍、复起入仕的宁完我，已失去往日毕露之锋芒、蓬勃之朝气，变得郁郁寡欢、沉默寡言了，以至于多尔衮感到纳闷，问宁完我：“尔向来常有陈奏，今胡默然？”终摄政王时期，宁完我并不多言，直到顺治帝亲政后，他一疏劾死陈名夏，满朝皆惊。

新人受重用，老臣之地位便不免有所撼动。顺治元年（明崇祯十七年，1644）八月，罢免范文程的老搭档、大学士希福一案，险些将范文程卷了进去。

崇德八年（明崇祯十六年，1643）八月，皇太极去世不久，两黄旗大臣、侍卫等，包括大学士希福、范文程、刚林，齐集盟誓天地："我等若以主上幼冲，不靖共竭力如效力先帝时，谄事诸王，与诸王、贝勒、贝子、公等结党谋逆，潜受赂遗，及与人朋比，仇陷无辜，娼嫉构谗，蔽抑人善，徇隐人恶者，天地谴之，即加显戮。"众人皆信誓旦旦，却免不了各怀心腹事。满洲正黄旗固山额真谭泰，首先投靠了摄政王多尔衮。希福鄙其谄媚，嗔其"衰慵"。谭泰怀恨在心，遂与其弟谭布罗织希福罪状，说他"妄传王语，谓堂餐过侈，诋谩诸大臣，构衅乱政，罪当死"。所谓"堂餐过侈"，指的是有一次范文程对希福讲，六部大臣"日食二十筵"，两人遂相对发了一阵感慨。他们亦是官僚，对挪用公款大吃大喝并无反感，只是慨叹内三院之清贫，愧于儒臣、文人不如肥脑官僚、衙吏武夫而已，或许寒心之余，夹杂着一点儿牢骚话。事实的确如此，文人墨客动动嘴，倒犯下了与贪赃枉法者相同之罪。希福虽死罪得免，仍削职为民，还不许与大臣们来往。幸亏摄政王"英明"，未追查到底，范文程几句随口之言才未引来大祸。事后，范文程冷汗虽消，尚感肤寒，更有兔死狐悲之情。不错，新人受重用，老臣即有失欢之险，小有过错，便可轻易罢免。

范文程独尊局面的打破，并不意味着他在摄政王多尔衮面前立即失宠，在入关之初，对他的重用一如既往，没有什么变化。两人关系疏远，范文程失去多尔衮的欢心，是在顺治三年（1646）。有人认为当年二月这种变化便表现了出来，笔者对此不能赞同。人们得出这一结论的依据是：二月初八日，摄政王多尔衮传集户部尚书英俄尔岱，大学士范文程、刚林、宁完我，学士额色黑等，对他们讲："予恭逢太祖、太宗遗业，代上摄政，惟恐事多阙误，生民失所。念民为邦本，日夜焦思，又素婴风疾，劳瘁弗胜。予躬凡有过失，尔等勿得瞻徇，各抒所见。"众人赶紧奏对："自古人君，自忧不能治者，国必理；视为不足治者，国必败。惟其鳃鳃过虑，正乃所以为治也。夫国君为政，不恃躬亲庶务，要在任用得人。今王总揽大纲，亦惟任贤举能，乃克底绩。"多尔衮听了非常高兴，赞许道："所言是也。今国家一应事务，各有专属，户部惟英俄尔岱，内院惟范文程、刚林、宁完我、额色黑等是赖。尔等勉力办理，勿惮劳苦。"又对范文程说："尔素有疾，毋过劳，早出署休沐，善为调摄。"范文程顿首谢曰："一介微躯，何敢当王温慰。"多尔衮又转对宁完我说："尔向来常有陈奏，今胡默然？"遂谕众人："尔等内院官员，于国家事务，当不时条奏为是。"范文程、刚林赶紧上前启奏："文程等朝夕在王左右，凡有闻见，无不面启，候取进止，无庸具本敷陈。"多尔衮点头同意。[①]

这是多尔衮与众臣之间一次既普通又不寻常的对话。多尔衮召见英俄尔岱等人，出于两种目的。一是当时清政府四处遣兵，军费开支浩繁，造成财政

---

①《清世祖实录》卷24。

紧张，中枢诸臣颇有焦头烂额之忧，异常劳顿。多尔衮好言抚慰，无非是给大家鼓鼓情绪，勉励他们努力工作，争取早日摆脱目前的艰难处境。二是笼络人心。大量原明官员被重用，太宗朝老臣心中不免有失平衡，而他们又是朝中有影响的人物，多尔衮需要拉拢他们，建立起一套效忠于自己的班子，奠定其稳固的统治基础。他认为，更多地关怀体贴，诸臣定感恩戴德，甘愿效忠。

多尔衮对范文程的一席话，是安慰之辞，并非如有人所认为的“开始限制和削弱范文程的权力”之“口实”。范文程身体欠佳，史有明载。皇太极崇德年间，“公尝以疾，暂请休沐，庶务未决者，命俟公愈裁行”；顺治元年（明崇祯十七年，1644）四月初，“公方以病诣盖州之汤泉驿，召决策，遂力疾趋盛京”。从此，范文程便一头扎入繁忙的军务、政务之中，未能获得休息及保养其多病之躯的时间，积劳成疾，导致其过早地离开政坛，无法工作。多尔衮也患有疾病，“同病相怜”，所以他对范文程健康状况的关心是正常的，叮嘱他“毋过劳，早出署休沐，善为调摄”，并无可非议之处。

范文程与多尔衮之间关系出现裂痕，是在这次交谈后的同年八月。是月二十六日，因为甘肃巡抚黄图安呈请终养，吏部议后，认为是借端规避，应当革职。范文程则认为“终养乃人子至情，不宜如部议”，准备为其申奏。恰值斋期，未果，遂与祁充格、宁完我一同向辅政郑亲王济尔哈朗汇报，济尔哈朗命暂候待议。多尔衮知道后很生气，以范文程等三人“擅自关白辅政王”而未先向他这位摄政王汇报，下法司勘问。法司唯多尔衮马首是瞻，极尽巴结之能事，定议：三人俱削职，并籍没家产。多尔衮可能认为法司定罪过重，难安舆情，不如顺水推舟，让三人知所畏惧，即已达到目的了，遂“以文程等委任有年，姑释其罪”，并谕令他们“勉效厥职，以赎前愆”。

此次又是一场虚惊，对范文程震动非小，他自任大学士之职以来，第一次受到处分，而且是削职、籍没的大罪，直令他冷汗浃背，吓得他五官挪位。范文程为官之道，是不参加任何内部党争，他知道满洲贵族内部矛盾重重，斗争时隐时烈，得势者朝更夕替，变化莫测，只有采取回避的态度，才可以久安其位。更重要的是所系之生命，不会因朋党之争而受到威胁。一方对夙有声望、一直为最高统治者信任的范文程极力拉拢，使其成为个人之亲信；一方则貌似恭顺，却敬而远之，想方设法躲避。一旦躲不过去，矛盾便由此产生、爆发。范文程知道自己不合摄政王多尔衮之意，又不甘心卖身投靠，万般无奈，只好“时称疾家居”，告病不朝了。范文程毕竟富于心计，终于使一场场灾难化险为夷。

对范文程与多尔衮之间矛盾产生的根本原因，后人曾从多方面进行了有益的探讨，主要是“剃发令”与“冯铨被劾案”对范文程、多尔衮关系的影响。对此，金成基先生的分析鞭辟入里。他认为，顺治初年，范文程为清政府“安抚孑遗，举用废官，搜求隐逸，甄考文献，更定律令”，成为政坛上风云一时的显赫人物。然而，他同多尔衮之间很快发生了矛盾。这一方面是因为多尔衮绝不允许范文程过多地分享他的权力，另一方面是两人在政策上存在严重的分歧。其焦点是：清军占领江南地区以后，是继续贯彻“统一区夏，乂安百姓”的方针，还是强制推行剃发令，重新激起社会的动乱？

多尔衮是坚决主张剃发的。入京之初，他就下令剃发，激起民愤，行之半月，多尔衮迫于形势，不得不收回成命。但到顺治二年（1645）五月，清军占领江南以后，多尔衮踌躇满志，以为“天下大定”，可以为所欲为了。在善于揣摩执政意旨的冯铨、李若琳、孙之獬的怂恿下，多尔衮准备重行剃发令。消息传出，举朝哗然，第一个出来反对的是御史赵开心。他抨击李若琳等是“借剃发为先资”“垂涎内院一席”的“贪位固宠之辈”，说他们要求推行剃发令，是“阻人归顺之意”，因此，剃发令断不可行。然而多尔衮主意已定，在五月二十九日召集的内阁会议上，批驳了赵开心等人的奏言。即便如此，仍有大学士站出来表示反对。多尔衮置之不顾，于六月初十日再次颁布剃发令。为了堵塞言路，并下令：“复有为此事渎进章奏，欲将已定地方人民仍存明制，不随本朝制度者，杀无赦。”

随着剃发令的颁布，整个形势急转直下，本已“帖然”的江南地区，民众奋起反抗，清军遂故态复萌，趁机大肆烧杀掳掠，“暴政”取代了“仁政”，“天下大定”变成了“天下大乱”。范文程苦心经营的“乂安百姓”的方针和政策，统统被抛到九霄云外。满汉之间的民族矛盾空前激化，使清入关后头一年取得的大好形势毁于一旦，大大延缓了清朝的统一进程。

社会矛盾与斗争，必然在清廷内部引起反响。自顺治二年（1645）八月初一日起，御史吴达、李森先、罗国士、桑芸、王守履、邓孕槐，给事中许作梅、庄宪祖、杜立德等接连上本，对冯铨、李若琳、孙之獬奋起弹劾，使冯铨、李若琳不得不上疏多尔衮，乞求罢斥。

吴达等人对冯铨、李若琳之流恨之彻骨的原因，据清代官方史书所反映，仿佛是明季党争的继续，其实是蓄意掩盖事实真相。吴达等人在弹劾中，虽只字未提剃发令，但多尔衮在八月十七日却以“冯铨自投诚后剃发勤职，孙之獬于众人未剃之先，即行剃发，男妇皆改满装，李若琳亦先剃发，故结党同谋陷害”，来进行压制，这虽已触及问题的本质，但还不是问题的全部。吴达弹劾冯铨的首条罪名是：“一曰纶扉之地，王言纶綍所关，今章疏每上，而票拟自专。如臣堂官赵开心请湖北巡抚及留贤臣范文程等两疏甚切，而不奉谕旨，非铨揽权，自负票拟在手，使人畏惧逢迎，何以专擅若此？”从“留贤臣范文程”一语来看，无疑是范已被罢了官。赵开心“请留贤臣范文程”的奏疏“不奉谕旨”，是因为冯铨揽权，“票拟在手”，结果激怒了众人，奋起弹劾。他们斥冯铨为“邪臣”“奸相”“逆辅”，必欲“戮之于市”；对范文程则敬之为“贤臣”，必欲留其于朝。赵开心第一个站出来弹劾李若琳“借剃发为先资”，现又率先上本“留贤臣范文程”，由此不难看出在反剃发令的斗争中，范文程的立场和态度。他很可能是在该年闰六月、七月江南地区出现大屠杀之后，同多尔衮发生冲突而去职的。此事在清代官方史书中不见记载，原因很简单，范文程是清朝开国重臣，剃发令是清朝衡定臣民忠逆的标准，他们是绝不会让人们看到一个忠于清朝的开国元勋也曾反对过剃发令的。[①]

金成基的研究令人信服，但他认为“范文程这次去职，为时虽然不长，但他在朝中的地位却一落千丈”，笔者则不能同意。这一事件，使多尔衮看到了范文程在朝中广泛的影响，更坚定了拉拢范文程的决心，他不愿让这位智囊人物落入别人手中。而且，范文程熟练处理政务的能力，又是多尔衮离不开的。

一方面，范文程的工作确有成绩；另一方面，为了笼络其效力摄政，多尔衮不断表示出对范文程一如既往的信任。顺治四年（1647）六月，以“考满称职”，将范文程由三等梅勒章京升为二等梅勒章京。翌年正月，多尔衮以幼帝福临的名义下谕：“谕大学士范文程、刚林、祁充格等曰：‘文职衙门，不可无领袖，但不可如故明时专擅耳。今将尔衙门品级，特行改定，章服如之。尔三人可用珠顶、玉带，以示优崇。其谕吏、礼二部知之。’”此谕的颁布，确定了三位大学士在内三院的领袖地位。值得注意的是，刚林、祁充格皆为摄政王多尔衮的死党，将范文程名列他们之前，是别有一番用意的。

更重要的一次，是顺治六年（1649）六月二十九日，摄政王多尔衮亲统大军往大同，征讨叛将姜瓖。临行前，多尔衮召集内三院及各部、院等衙门官，宣布他将亲征，谕之曰：“尔等皆国之重臣，宜各勤职掌。予率师西行，不日言旋。予之行也，非以诸王大臣不胜其任，但恐行师之际，扰及良民，故为亲行。予止至宁武关、朔州便归，不远行，亦不久留也。”又谕固山额真谭

①《历史研究》1982 年第 5 期，金成基《范文程简论》。

泰、何洛会，内大臣冷僧机，大学士刚林、范文程：“各院、部事务，令尔等裁决。在部可决之事，仍令各部料理。其军国大事，集英亲王、议政大臣、固山额真共同商议。大事可缓者，著候予还；不可缓者，即行启知。”这是一个临时代摄政王行政的班子，在这组人选中，略一观察就会注意到，只有范文程一人是汉人，余皆满洲头面人物。可见，多尔衮既想拉拢范文程，更离不开范文程，软硬兼施；范文程则比任何时候都更加小心，免遭不测。两人的关系极其微妙，而又极其复杂，冷淡之中有合作，合作之中有疏远，若即若离，耐人寻味。

范文程就在这种状态下，一日挨过一日，提心吊胆，战战兢兢，唯恐不测发生。果真有一天，他预料会发生的事情发生了，他没预料到的打击亦随之而来了。

三、终生一憾

自经历几番曲曲折折之后，范文程与多尔衮之间的个人情感被政见的分歧冲淡了很多，也许在范文程心目中，对多尔衮有了几分厌恶，这种厌恶来自越来越强的失望。

初入关时，多尔衮还表现出一定的适势开明、宽宏大度，政策上比较灵活。清军之捷报频至，征服地区之日益辽阔，使多尔衮错误地以为，汉人对其武力有一种特殊的畏惧，因而他们的反抗便极其软弱无力，于是，他越来越信仰铁骑弓箭胜于一切，越来越崇拜武力的作用，人，也变得越来越残忍。如清军占领大同城后，多尔衮竟下屠城令，满洲官兵杀戒大开，除了少数汉人及其家属、部下之外，男妇老幼无一幸免。多尔衮为了恐吓广大汉人民众，命将大同城墙拆去五尺。昔日繁华的边陲重镇大同城，一日之间沦为鬼域，无数屈死的冤魂，远号近泣，夜夜哭诉。

同样的屠杀，伴随着清军南下。如人们熟知的扬州、江阴、嘉定等城之横遭劫运，人为亡蚁，城为废墟。多尔衮的变化，清军的暴行，是自称“大明骨，大清肉耳”的范文程所无法接受的。他于初入关时对多尔衮所抱希望，几乎全部化为泡影，剩下的，只有厌恶。因此，当多尔衮呜呼归天，可以肯定，范文程不会有任何悲痛之感，至于是否暗自庆幸，无证其有，但也不能因之说无。

多尔衮身体不好，“素婴风疾”，然其于体弱务繁之中，仍继续过着荒淫无度的生活，疯狂宣泄其肉欲。顺治七年（1650）十二月初九日，38 岁的“皇父摄政王”、和硕睿亲王多尔衮，阳虚肾空，致病加剧，遂英年早逝。翌年正月十二日，13 岁的少年皇帝福临举行亲政大典，开始亲自掌握政权。接着而来的，便是对多尔衮的夺功论罪，对多尔衮死党的大清洗。

多尔衮死后亲政的福临大兴诏狱，剪其党羽，这并不出范文程的意料。因为睿亲王摄政时，大权独揽，压制诸王，广植亲信，党同伐异，其政敌的阵营在不断扩大。摄政王一死，平时备受压制的诸王，必然围拢在亦受多尔衮压抑的天子周围，同仇敌忾，清除多尔衮残留下的势力与影响。对于满洲贵族内部的争权夺势，范文程睹之如常，所以，当福临惩治多尔衮余党时，范文程非常平静地想看看事态究竟会发展到什么程度，似乎他只是钱塘江边的一个观潮者。

然而，令这位观潮者大吃一惊的是，汹涌的恶浪不仅打湿了他的双脚，还差点儿把他卷进波涛，被政治旋涡所吞噬。在此之前，范文程早已告病家居，而且，没有任何迹象表明他处于危险之中，虽然多尔衮死后，内三院并不平静。

福临对内三院的重要作用是清楚的，他在举行亲政大典后仅数日，顺治八年（1651）正月十九日，将内三院衙署移于紫禁城内，在大学士刚林的主持下，这架机器似乎在正常地运转着。二月十九日，大学士刚林奉命祭孔子。二月二十一日，追论和硕睿亲王多尔衮罪状，发布诏书，昭示中外，诏书中点了刚林、祁充格之名。第二天，便升侍读图海为内秘书院学士，叶成格为内国史院学士，编修科尔可代、白成额、图尔特、张长庚为侍读。毫无疑问，这些人基本上是福临信任之人，他们的提拔说明福临并不以迁内三院入紫禁城置于自己眼皮底下为满足，预示着内三院上空笼罩着的浓密黑云即将化作一场暴风骤雨。

机警思敏的范文程看到二月二十一日的诏书，不会不为老同事刚林、祁充格捏着一把汗。他没有想到自己会有什么危险，他以为，多尔衮对其拉拢不成，便予打击，此后虽一再施恩重用，但他并不买账，没有加入摄政王亲信班子，并不时以有疾在身为借口，告假休息，这是满朝皆知之事，自己无咎可指，因此可坦然处之。于是，范文程泰然自若，有些自鸣得意，以江上渔叟之姿，期待着少年皇帝恩诏宣进询以治国之策。

“智者千虑，必有一失”，范文程以置身事外的态度，自然会得出于实有悖的推测。当刑部差员来提他时，范文程着实大吃一惊，虽貌似平静，内心却已慌乱如麻。

福临何时对内三院下手，我们还不能弄清准确日期，但可以考其大概。闰二月初六日，大学士刚林还在任。这一天，他有一关于修史之事上奏，云：“臣等纂修《明史》，查天启四年及七年六月实录，并崇祯一朝事迹俱缺，宜敕内外各官，广示晓谕，重悬赏格，凡钞有天启、崇祯实录，或有汇集邸报者，多方构求，期于必得；或有野史、外传、集记等书，皆可备资纂辑，务须广询博访，汇送礼部，庶事实有据，信史可成。”接下来，内三院又有人事变动情况。闰二月初十日，转内翰林秘书院侍讲学士吕崇烈为本院侍读学士，内翰林国史院侍讲乔廷桂为内翰林弘文院侍读；十二日，升国子监祭酒高珩为内翰林秘书院侍讲学士，内翰林弘文院修撰傅以渐为内翰林国史院侍讲。这些变动情况，说明内三院工作需人，同时间接表明，大学士们有可能已被停职审查。刚林等人最终定罪是在闰二月二十八日，因此，内三院主要臣僚被兴师问罪是在本日之前、当月初六日之后。

此案的主要罪犯，是阿附睿亲王多尔衮的两位满洲大学士——刚林和祁充格。刚林为人机敏，而又善于趋炎附势，在皇太极去世之后的帝位危机中，郡王阿达礼以谋获诛，刚林因是其下属之人，故亦逮系，寻以其曾先事举发，免罪，供职如故。刚林见年轻的摄政王大权总揽，乾纲独断，遂极力投靠，成为亲信。祁充格于努尔哈赤天命时期，在贝勒皇太极手下掌书记之事，天聪五年（明崇祯四年，1631）设立六部，祁充格任礼部启心郎。崇德三年（明崇祯十一年，1638）九月，睿亲王多尔衮奉命率师征明，皇太极亲自饯送于郊，祁充格以不启豫亲王多铎随贺出送，又于是日私往屯庄，逮系论死，皇太极命从宽革职，贯耳鞭责，给多尔衮为奴。顺治二年（1645）二月，多尔衮骤擢祁充格为内弘文院大学士，祁充格遂卖身投靠，成为多尔衮的亲信死党。

此次案件，几乎将内三院之旧臣全部卷了进去。闰二月二十八日，刑部尚书韩岱向福临报告了审案的过程及拟定之论。现据档案，照录如下：

> 刚林初在盛京曾犯大罪应死，今又背圣上养育之恩，朝夕往睿王处献媚。后圣上降旨诘问其是否未被睿王取去，而系私往附？刚林奏称："原欲将我拨给原主，为睿王取去后，遂尔留用"等语，巧言诳上。以此诘问刚林往睿王处缘由，据供："睿王原令我往顺承王

处，我辞不往，即留于睿王处是实”等语。又有刚林引诱额尔克岱青一案，讯刚林，据供：“系睿王派遣，我方前往，对此无言可辩”等语。又刚林毁史书一案，讯刚林，据供：“睿王取阅《太祖实录》，令删去伊母事，遂与范文程、祁充格一同抹去，后白之和硕郑亲王、和硕巽亲王、和硕端重亲王、和硕敬谨亲王，未予上奏”等语。刚林、祁充格欲尊睿王为皇帝，奉安太庙，新旧众官皆拒而不从，言“无此先例，若奉安太庙，皇上岂前往叩祭？若必祭之，或可另建庙宇安置”等语，驳其所议。刚林、祁充格二人拒诸王、众大臣之议。驳回众议后，伊等于夜间私自缮文立款，以“睿王乃盖世功臣”之语诱诸王，欲尊睿王为皇帝，奉安太庙，诳语奏上。以此诘问刚林，据供：“众王著我等查阅此例。我等查无此例，便告知众王，与原告之辞相较，我并未言无如此功臣之语”等语。又刚林、祁充格二人预睿王逆谋，朝夕筹划，定议迁驻永平一案，讯问刚林，据供：“不知此事。”又刚林与祁充格、罗什、伯尔惠等言：“欲尊睿王为皇帝，奉安太庙，死也心快。”讯问刚林，据供：“我未曾言此”等语。又内阁学士马迩都、赫德、叶成格，主事郑库纳等告称“娶肃王福晋一事，前于史档内未书，至二月内补载原处”一案，讯之刚林，据供：“和硕郑亲王、和硕巽亲王、和硕端重亲王、和硕敬谨亲王谓我等曰：‘睿王在时，凡其所行悖逆，皆未记载，若有此类事情，要增入。’故未告众人，我等私自添入是实。”又将由盛京赍送京城之太宗史册，在改抹一案，讯问刚林，据供：“纂写时，应增者增，应减者减，删改是实，旧稿尚存”等语。又抄录密书罪状二册，被刚林遵命取去，未予缴还一案，讯问刚林，据供：“睿王欲将罪状抄录，伊自阅改，销毁两册是实，原稿尚存”等语。

此案中，所谓“为睿王取去”，是指多尔衮将刚林等人由两黄旗拨往正白旗，亦有证明：

讯阿喇善与刚林同往睿王处一事，据供：“我曾随湖广之军往征土贼，归时已拨白旗，全家皆移入白旗。遂往纛章京伊尔德依处怨忿：‘这又为何？现竟如此打着把式过日子，又与父亲离散。’伊尔德依言：‘随尔叔父前去，何必多言’等语。”讯纛章京伊尔德依，据称：“从军中返回，阿喇善向我哭怨是实。”故阿喇善无罪免议。

案中所定刚林“欲尊睿王为皇帝，奉安太庙”之罪，《清世祖实录》中将之删除，因为追尊多尔衮为“懋德修道广业定功安民立政诚敬义皇帝”，庙号“成宗”，并将其夫妇同祔于太庙的，正是顺治帝福临本人！在这里，却成了刚林的一条罪状，真是“欲加之罪，何患无辞”。

关于修改《清太祖实录》之事，是范文程被卷入其中的唯一一条罪状。刑部汇报如下：

讯范文程修改《太祖实录》一事，据供："先前与刚林、祁充格一同改之是实。睿王死后，我病矣，宁完我、王文奎前来探望，谈及修改史册一事，言必先具奏，先前睿王令改，不能违，故改之，现怎可隐瞒？"讯宁完我、王文奎，供云："范文程如此言于我等是实"等语。

摄政王多尔衮之令难违，不得已而遵命修改实录，范文程所供入理，倒是实情。但他毕竟老谋深算，知道此事非同小可，应当妥善处理，遂对宁完我、王文奎说了上述一番话。不过，范文程自有其为难之处。在福临问罪刚林之前，如果上奏，会被认为是见风使舵，讨好天子，加害同僚；如在此后上奏，则无异于落井下石，亦遭同仁侧目，范文程威望、声名，均会受到不利影响。范文程转念一想，睿亲王多尔衮一言独尊，摄政王旨令谁能不从，谁又敢不从？揆之以理，情势所迫，路人皆知，何罪之有？

然而，长期被多尔衮压抑的诸王们，将对摄政王的满心仇恨，发泄到一切可以代之承罪之人身上，无论其是否为多尔衮的死党，亦不顾事之巨细，均张大其词。于是，刑部做出了使范文程深感意外的判决，并使他的老友宁完我、王文奎受到牵连：

经部审理得：范文程先前与刚林、祁充格同改，后既然能告宁完我、王文奎，然而为何不具奏？若言因病耽误，寻尔家中命尔具奏，又将如何？如此要务，何以不奏？因此缘由，范文程革职解任，籍没家产。

讯宁完我、王文奎："范文程将修改实录一事告知尔等，尔等何不具奏？"供云："原修改之时我等不知，后因范文程言其具奏，故我等未奏"等语。因此，宁完我身为大学士，闻此重大之情隐瞒未奏，应革职解任；王文奎身为学士，闻此重大之情隐瞒未奏，应革职解任。

刑部将该案各犯初审拟定结果上报，由和硕郑亲王济尔哈朗、和硕巽亲王满达海、和硕端重亲王博洛、和硕敬谨亲王尼堪、多罗顺承郡王勒克德浑，集诸王及满洲固山额真、内大臣、议政大臣会议，复拟：刚林、祁充格论死，籍没家产；范文程拟革职，本身折赎，仍留原翰林院；宁完我、王文奎无罪免议，仍留原任。

福临最后裁定，基本同意了诸王等会议结论，但就范文程，额外添加了一些内容。谕旨称：

范文程原为太宗效力，盛京时又未曾参与硕讬贝子之罪，后知睿王叛逆之行，托疾居家，众亦周知。睿王带走刚林时，以范文程不合其意，故未带去。范文程革职，本身折赎，仍留原任。先前所犯之罪了结，嗣后于委任职掌，当矢忠报效。

这不像判决书，反倒像是为范文程而发的辩护词。可以看出，福临对范文程是比较看重并寄予厚望的，但范文程内心却非常不自在。因为不附和摄政王多尔衮，他数遭警告性惩治，又不得不屡次托病闲居，平时提心吊胆，小心翼翼。随着睿亲王日益恃权自傲，喜怒无常，范文程越来越觉得自己是坐在火山口上，多尔衮拉之愈勤，他的心提得愈紧，担心着有一天会遭受毒手。所幸，多尔衮中道而亡，范文程谢天谢地，总算躲过了灭顶之灾。然而，摄政王死后，却要为他负罪，范文程心中失去了平衡，感到这是终生之憾。好在福临谕旨中最后那句温慰勉励的话，使范文程了解了天子对他的态度，看到了东山再起的希望。

第七章

夕阳余晖

一、东山再起

顺治八年（1651）九月初四日，清世祖福临下谕："复大学士范文程二等精奇尼哈番。"范文程复职了。

早在二月二十七日，大学士希福就恢复了职务，范文程又与早期同伴——希福、宁完我共事了，只是少了刚林。

福临之器重范文程，主要原因是范文程声望素著，不结朋党，不阿附睿亲王多尔衮，所以天子视之为股肱，信赖有加。对于这位太宗时期于国家大政颇多建树之旧臣，福临的母亲孝庄文皇后应当是非常了解的，后来的清圣祖玄烨（康熙皇帝）之盛赞范文程，显与孝庄文皇后的态度有关；据此推之，福临也可能受到了母亲的影响。与皇太极已有的深厚感情，使范文程在入关后的政治生涯中，亦沾其惠。

范文程复职后，积极赞襄福临拨乱反正，调整统治政策，缓和社会矛盾与统治阶级内部矛盾。

在采取怎样的统治方针问题上，福临的主导思想与范文程有共通之处。顺治十年（1653）正月二十一日，福临在马厂对范文程说："兵器固不可不备，然戈甲虽备，亦不可徒恃军威。军威虽盛，而德政不足以合天心、顺民望，亦不可也。”这与范文程所说“好生者天之德也，兵者圣人不得已而用之，自古未有嗜杀而得天下者”是一致的。不恃武力，实行“德政”，是福临亲政后，清朝调整统治政策的理论基础与思想动力。

在提高统治阶级水平、保证君明臣贤问题上，福临与范文程的见解也是不悖的。顺治十年（1653）五月初五日，福临到内院，问翰林众臣，为何下班太早？范文程说，因为是端午节。福临遂顾众臣曰：“乘藉天休，猥图安乐，人情尽然。但欲希晏逸，必先习勤劳，俾国家大定，其乐方永。若止图安乐，嗜欲莫遏，先计身家，而后国是，其乐亦暂耳。即如朕躬所行，兢兢业业，期于尽善，故每乐闻诸臣之言。但今之人，多有能言而不能行者，其故何也？今日为之，明日易之，弗克持久，是以不能行耳。夫人孰无过，知过而改即为善。士倘自掩饰，谬以为是，过乃滋长，咎斯甚矣。朕与诸臣，果能共勤政务，裨益民生，天必眷之。若人之所行不善，弗自省改，天必降之以殃，尚能邀眷佑乎？至天不加眷佑而委命于天，不知天之谴尔者以尔之不善也，岂有尔所行善而天谴之者？昔商成汤为盛德之主，犹且检身不及，改过不吝，若明之正德帝耽志嬉游，怙过不悛，徒责善于臣工，揆之修己治人之道，乌乎可！纵使臣工胥善，而君不改过迁善，何由而向化耶？”对福临这段慷慨大论，范文程积极呼应。他认为：“大凡行善合天者，必君明臣良，交相释回，始克荷天休而济国事。若人主愎谏自用，谁复进言？势必谄谀者，献媚而日亲；忠鲠者，矢忠而日疏矣。人主诚持己公明，臣下自翻然从善，斯天心眷顾，国祚悠久，克享太平矣。”范文程一番话非无的放矢，实际上是针对过去摄政王多尔衮重用冯铨之类，独专朝政而发的。福临、范文程君臣二人，将“行善”作为实行封建统治的基本指导方针，“合天”以顺民心、合潮流，使封建统治祚运悠久为目的，这是与多尔衮摄政时期迥然有别的。

在主导思想上君臣之间达成了共识，在行动上便能协同一致，大刀阔斧。他们首先从清除多尔衮残余影响入手，拨乱反正。

早在顺治八年（1651）闰二月十八日，福临即以“七年以来，毫无建白，毫无争执”为由，勒令大学士冯铨致仕，将其赶回故里。次年十一月初四日，范文程持多尔衮摄政时因劾冯铨而罢官的诸臣奏疏见福临，福临阅毕，问范文程：“诸臣劾冯铨于理诚当，何为以此罢耶？”范文程巧妙而又旗帜鲜明地回答：“诸臣疏劾大臣，无非为君为国，皇上当思所以爱惜之。”福临称是，并将奏疏留中。初十日，天子便谕吏部，令将原任科道官许作梅、李森先、桑芸、向玉轩、庄宪祖等人中，系参冯铨降革者，俱起用；如因他事降革，详察议奏。在范文程之建议下，这批敢言之谏臣恢复了职务。

入关之初期，清政府在用人制度上重满轻汉，任人唯亲，派系林立，弊端重重。对此，范文程于顺治十年（1653）正月果断上奏，要求对用人制度实行改革，以克服以往之弊。其奏曰：

治天下首在用人，内而部院卿寺，外而总督抚镇，皆佐皇上经理天下之大臣也。今奉旨会推，诸臣敢不公慎？但顷刻商酌，势难详确，况拘于资格品序，其中有堪任者，有不堪任者。势不得不用一人，及用后坏事，又诿以会同推举，竟无任其咎者。臣等窃谓，与其取定于顷刻，何如抡备于平时。乞敕部院三品以上大臣，各举所知，不论满汉、新旧，不拘资格大小，不避亲疏、恩怨，取真正才守之人，堪任何官，开列实迹，疏名保举，各具专本奏闻。一官可举数官，数官可举一官，皇上将所举姓名汇置御前，不时召对，察其议论，核其行事，并视其举主何如人，则堪任与否，早在圣鉴中矣。遇有缺出，公同会推，开坐职名，并保举官姓名，请皇上简用。若用后称职，量其效之大小，保举官加以优典；若不称职，亦量其罪之大小，保举官议以连坐。此法实行，则内外皆得真才，而天下无有不治者矣。①

奏上，福临当即批准施行。“保举连坐法”的推出，对于保证国家用官素质，防止官僚体系中诸种弊端的继续滋长与发展具有积极的作用。还应当指出，范文程不避满洲权贵，提出保举任官不分满汉新旧，这一见解不仅大胆、开明，表现出相当的胆略，而且由此反映了福临对范文程深有依恃，为其撑腰，不然，处事一向谨慎的范文程是不会斗胆上此奏疏的。

①《清世祖实录》卷71。

睿亲王多尔衮死之后，清政府还面临着另一个难题——财政问题。福临亲政时，中国内地的大部分地区已为清所有，主要战场局限于东南、西南两个地区。但入关以来日益严重的两大问题却明显突出，时不我待。一是随着大量归顺的原明朝军队被接收，清朝的武装力量迅速膨胀，这些军人与以依靠旗地为生计之路的八旗兵不同（清代八旗军薪饷制始于顺治十一年，即 1654 年），政府是需要向他们支付薪饷的。清朝以少于明朝的土地与人口，维持着一支至少与明末政府在数量上旗鼓相当的军队（其中包括需要支付薪饷的吴三桂、孔有德、耿仲明、尚可喜、沈永忠之军，还有可能包括参战的蒙古军队），其财政压力是可想而知的。独树一帜、被编为“绿旗营”的汉族军人，当战区与战争规模日益缩小的时候，便面临着由于经济原因而不得不有所裁减的可能。但在尚未完成统一全国大业，社会局势还没有完全稳定下来之前，清政府是不敢冒险采取裁员减编措施，将大量兵员驱出军伍、逐向街头的，如果那样，便是蹈明末之辙，自取其咎。

另外一个问题，亦令福临、范文程君臣心焦头痛。清朝对全国的统一，主要是武力征服的结果，入关，即意味着进入了持续的战争时期，战场越铺越大，战线越拉越长。每一次军队的调动，每一个战果的取得，都离不开财力这支无形的杠杆之支撑。摄政王多尔衮时期，为了争取民心，宣布废除明末“三饷”加派及其他苦民累农的苛捐杂税，并对战区宣布免征、减征部分赋税，使政府的财政收入远逊明季。而出于政治之目的，清政府对功臣、降臣、汉将、蒙古慷慨赏赐，多尔衮本人在其摄政晚期，更是生活奢靡。这些，又从有限的财政收入中分走了一杯羹。于是，前线将士需饷孔亟，嗷嗷待哺，中央政府库空银竭，一筹莫展。

摆脱财政困境的途径之一，是开源节流。欲开源，地方税收是主体，然而，由于战祸频仍，人民逃亡，土地荒芜，各直省钱粮缺额，赋亏饷绌；欲节流，除减少土木工程，俭约政府行政开支外，节省薪饷是必须予以考虑的。范文程搜肠刮肚，挖空心思，反复斟酌，终于在顺治九年（1652）十月三十日向福临递交了一份长长的奏疏，为清朝走出严重的财政困境出谋划策。其奏称：

臣见直省地方，土地荒芜，钱粮缺额至四百余万。民赋亏，则兵饷必绌，国家大害在此。然明地荒，则军屯可兴，国家大利亦在此。昔明太祖尝言：养兵百万，不费民间一粒。亦当元季乱后，旷地甚多，能行官屯故耳。今湖广、江西、河南、山东、陕西五省，寇乱日久，人民稀少，若待招民，穷民无力，何能开垦？若任现在道府各官，庶务繁多，势必迁延不力。臣请行兴屯四事：

一在选举得人。凡兴屯之地，应设两兴屯道以综理之，设四同知以分理之。该督抚遴本属之廉能敏干者任之，以保举之当否，为督抚之功罪。其官吏俸廪，初年于兴屯本内关支，次年以子粒补偿，以后俱于屯粒中支给。此官增而俸不费，本少而利甚巨也。

一在开垦收获。开垦必用牛种农器，若俟抚按奏请，必致旷日。悉听屯道，随于州县库贮钱粮内分用支给。所垦地土，先于驻兵之地，荒芜多而水路近者，以便转运，渐及其余。地之无主者，即为官屯。有主而抛弃者，多方招来，过期不至，亦为官屯。凡土著流户，愿来耕者，官为给地，量助牛种，官分子粒三分之一。三年之后，便为永业，编为保甲，使守望相助，奸宄不生。是于兴屯之中，寓招抚之法也。其无本者，官给雇直，远近饥民，势将闻风踵至。是于兴屯之中，行救荒之术也。

一在积贮转运。初屯之时，根本未立，物力维艰，所收粮草，皆听道厅全留积贮，任其出陈易新，为次年加垦之计。其粮草有难以久存者，酌拨就近兵马。必不可加派取盈，致工本有亏，及害大政也。其转运一事，三年以后，于屯粮中雇僦舟车起运，永不动用屯官，佥点屯民，倒毙屯中，而屯事始得永久矣。

一在责成考课。凡兴屯之处，府县有司，应听屯道提调。管屯同知，惟听屯道管辖。如开垦日增，抚按必加特荐，仿边俸之例，三年升二级以酬其劳。其不职者，抚按严纠则罪在道厅，抚按曲庇则并坐抚按，是所谓信赏必罚也。[1]

---

①《八旗通志》卷172。

形势非常严峻、急迫，不容迟疑、等待，范文程不无忧虑地进一步请求福临："今孟冬将尽，若复不决，明春难耕。日复一日，四百万之课，是永无足时矣。"福临对范文程的建议很欣赏，毫不犹豫地令议政诸王及大臣们会议具奏执行。

范文程此次奏疏，在当时具有很重要的作用。首先，是对恢复农业生产的积极作用。农业不仅是中国的传统支柱产业，也是封建国家赖以维持其统治的基础。农业的发展与否，直接影响到国家财政状况。在清初战火纷飞的时期，清政府只有对已占领地区恢复农业生产，才能在经济恢复中使国家财政收入有所增加，尽快摆脱财政危机。其次，是对安定民生的作用。清初战乱频仍，人民离散，土地荒废，生产凋敝，社会很不稳定。屯田的实行，使"流亡渐集"，一部分逃离家园的农民、居无定所的流民，重新回到土地上，过上了比较安定的生活，这对于稳定社会秩序以及吸引饱受离乱之苦的民众充实土旷人稀的湖广、江西、河南、山东、陕西五省地区都有积极的影响。最后，是对于顺利地裁兵减饷的作用。正如前述，顺治帝福临亲政之后，绿营兵需要裁减，能否"裁兵不哗"，不蹈明末之辙，是对清政府的严峻考验。范文程从明初历史中吸取的军屯经验，既保证了裁兵之顺利，又发展了生产，部分减轻了广大劳动人民的负担，可谓一举多得，惠施及远。在此后之清朝历史上，屯田事业有所发展，寻其源流，范文程之建议的实行，乃其嚆矢所在。

在恢复社会经济、封建统治秩序过程中，范文程非常注重安定民众生活，以保障社会的稳定，这是中国封建社会历史上许多廉臣清官普遍存在的思想内容，也是范文程的开明之处，这方面的成绩，是他被后人称道的原因之一。此处仅举一例。清初政府为了解地方情况，督察地方政府行政，遂派大臣进行专项巡视。例如，检查地方司法状况、赈灾状况，等等。但这些大臣奉命遣巡存在一定的弊端：地方供应，官员勒索，地方政府借机加派，增加了人民的经济负担，对他们正常的生活安定、生产秩序有所扰害。对此，范文程竭力反对。顺治十一年（1654）年中，各地遭受自然灾害的紧急报告纷纷奏报到京，福临又打算派遣大臣巡视地方，分别检查刑狱审理、地方灾情、抚恤赈济情况。八月初三日，范文程急忙上奏，力加阻止。他说："顷者差遣恤刑，仰见皇上慎重刑狱至意。但前此议遣满汉大臣巡方，虑有扰民，是以停止。今四方水旱灾伤，纷纷见告，恐奉差各官，仍不无烦扰，亦应暂请停止。其见禁重囚，应敕各巡抚详勘，以可矜可疑者奏闻定夺。"福临大概也由此意识到遣臣巡视的不妥之处，遂同意了范文程的建议，暂时停止了这种病民之举。

国家政策的得与失，关系到一个朝代的前途与命运，而用人之当否，更是保证政府政令能否得以真正贯彻实施的关键。历史上往往会出现这种情况，一个朝代虽然处在政治清明时期，但由于用人不当，贪吏混迹，不仅使国家政策、政府法令在执行中被人为地扭曲，严重者更对国家的前途与命运产生诸种不利影响。就清朝而言，入关未久，其统治基础尚难称之稳固，需要采取措施使国家政治尽快进入有序、正常的运转状态。为了争取汉族地主阶级的支持，清政府不得不大量任用了从明朝末年腐败政治中走过来的一批官僚政客，这样，便产生了国家刷新政治、稳定统治与吏治不洁、腐败难除的矛盾。对这一矛盾是视而不见，还是下决心严惩根除，对清政府是至关重要的。

年轻气盛的顺治帝福临亲政之后，对这一问题非常重视，下决心澄清吏治，严惩腐败，建立一个清明廉能的政府，不使以他为首的中央政权因贪官污吏的存在而背负正直士大夫之怨恨、下层民众之痛骂。然而，使福临深感愤恨的是，贪官污吏如盛夏的苍蝇，除之不尽，杀之不绝。或许是有人类便有排泄物，这些排泄物既能肥沃土地，又滋养了如苍蝇这类副产品的缘故？对于此种复杂关系，无论福临还是范文程，谁也无法将其理清，但并不意味着他们君臣对贪官污吏产生之由毫无认识。顺治十年（1653）正月二十六日，福临到内翰林院，见吏部奏上“大计”（大计，明、清时期考核外官的制度）疏，不无感慨地对范文程等人说：“贪吏何其多也！此辈平时侵渔小民，当兹大察之年，亦应戒慎。”范文程接过福临的话题，分析道：“彼平居未仕时，亦知贪吏不可为，一登仕籍，则见利智昏矣。”福临好为人师地说：“此由平素不能正心之故也。苟识见既明，持守有定，安能为货利摇夺？”众臣赶紧顿首称善。

福临君臣的对话说明，他们对贪官污吏滋生繁衍的原因，其认识是比较清醒的。“利”，是引导官僚走向腐败的主要因素。当一个人身为平民，未入仕途之时，亦恶贪赃枉法之行为，痛恨官僚之腐败，深怨政府惩治之不力。迨其任官为吏，权力在握，与各种利益发生了联系，“利令智昏”，遂擅权肥己，腐败的种子便深植其腹中，历强时日，产下了败坏社会风气的恶魔。范文程言中之转折关系，生动地描述了一个人从平民到官吏，借权力图私利的变化过程，福临则强调了官僚队伍素质的重要性，即“正心”。君臣二人互相补充，遥相呼应，言谈中都鲜明地表明了对“贪吏”之切齿。于是，顺治帝福临在范文程等一班得力之臣辅佐下，雷厉风行，整饬吏治，对摒弃明末政治弊窦之影响，扭转官场各种腐败习气具有积极的意义，也为后来的“康乾盛世”奠定了良好的政治基础。

国家吏治清明与否，不仅体现在对贪官污吏的惩治方面，而且还表现在对清官廉吏、干员贤臣之保护。范文程认为：“治安之本，首在得人，惟培养人材、保护善类为第一义。得一贤，远胜理百度也。”他言行一致，说到做到，凭借自己在朝中的地位与影响，对那些直言不苟、秉公不阿的臣属极尽关注，爱护备至。如前面提到的因奏劾大学士冯铨而被摄政王多尔衮处分的诸言官谏臣之复职，即得范文程奏请之力。再如，顺、康时期著名谏臣魏象枢，在朝中“与诸大臣抗辩是非无少诎”，常常遭到权贵们的疾视，“独大学士范文肃公心识之，曰：‘直哉，此我国家任事之臣也。’其后遇有构公者，辄于众中剖析之，卒得白。自文肃去位，而公亦不能安其职矣”。当时人赞誉范文程“培养人才，保护善类，尤拳拳加意”，并非溢美之词。

自顺治八年（1651）九月复职之后，范文程以其夕阳余晖，继续为大清发挥着无可替代的作用。他之所以几犹再现皇太极时期辅臣之风，得益于以下几个方面。

首先，范文程虽是汉人，入籍汉军旗，但他与许多同胞不同。第一，他在努尔哈赤揭竿讨明的初战之中便被俘，入满洲旗下为奴，皇太极即位未数载，拔之而出，仍隶旗籍。清朝入关之后，新入汉军旗者，时人习称之“新汉军”，以别于入关前之“旧汉军”，而范文程的资格比很多“旧汉军”还老，与满洲贵族有着一种更加近密的关系。第二，在那批入关前的汉族“老臣”中，范文程又与他人有异。入关前仕清之汉臣，绝大多数是效力疆场的武将，其地位低微者声名不显，地位显赫者屡遭摧抑，鲜有眷宠不衰者。内三院的文臣则不同，他们侍皇帝左右，在重武轻文的时代，愧居人后，仅以文墨辅国。他们虽然制定典章制度，起草敕诰谕令，但手中无兵可统，无权可擅，不对封建专制皇权构成直接威胁，所以经历较少曲折坎坷。然而情况有时出乎人们意料，一直供职内院且未受浮沉之苦的汉大学士，只有范文程一人，由此而在朝臣中产生的广泛影响，使他受到了普遍的尊敬，对此，福临应当是清楚的。

其次，范文程的品格是他走向成功的重要条件。深恶朋党，不搞帮派，不趋炎附势，是其为摄政王多尔衮不喜之根，亦是被顺治帝福临欣赏之由。重视人才，任贤助能，“庶官中有才藻可大用，及因公负累一眚不掩者，悉为奏请湔除拔擢”，获得了福临及同僚的信任。勇于承担责任而不推诿他人，是范文程高他人一筹之处。顺治十一年（1654）三月，大学士宁完我奏劾大学士陈名夏“结党怀奸，情事叵测”，疏中称其票签本章有私，范文程出班对众人言曰：

“是我拟票，非名夏拟票也。查议若有偏私，我当认罪。”由是，范文程赢得了同僚们的称赞。

最后，顺治帝福临的深信不疑，是范文程充分发挥其政治作用的有力保证。福临亲政伊始，范文程虽因改动实录案而受革职留任处分，但这种象征性的惩罚，并不能掩盖天子对范文程的青睐。顺治九年（1652）十月，福临下谕：“以内院大学士希福、范文程、额色黑，户部尚书车克，礼部尚书觉罗郎球，兵部尚书蒙古固山额真明安达礼，刑部尚书蒙古固山额真济席哈，工部尚书星讷为议政大臣。”范文程是清史上为数不多的汉族议政大臣中之第一位，他出任议政大臣，可谓破天荒了。这种特殊的身份，抬高了范文程的地位，进一步增强了他在朝臣中的影响力。更重要的是，他进入清政府的决策班子，打破了满洲贵族对议政大臣会议的垄断局面，汉臣可以在清朝决策层发挥更大的作用。范文程在清初政治中之地位，由此即已反映出来；福临对范文程之信任程度，亦由此而见其概。

在内翰林三院中，范文程实居首揆，顺治帝福临亲政后，经常赴内院，与诸臣谈今说古，议政论策，陈言谘询，范文程“每以班首承旨，陈对称上意”。而且他论政，“务简要，持大体”，深得福临之嘉许，所以君臣二人思想默契，感情融洽。

对“圣主隆恩”之知遇，范文程感戴于怀，竭力图报，日夜操劳，使本不健壮的身体每况愈下，使对他抱以厚望的福临不无忧虑。顺治十年（1653）春天的某一日，福临在位育宫召范文程入对，之后，来到中和殿，君臣二人边品茶边聊天。望着脸色苍灰、面容憔悴的范文程，15 岁的天子心头一热，不禁语塞。他非常清楚，这位老臣足智多谋，沉毅练达，对大清忠贞不贰，若他垮下去，朝廷不啻失去臂膀之力。少顷，福临饱含着一种特殊的深情，轻声对范文程说："朕倚卿共致太平，常召卿面议大政，或不时临幸内院。卿夙夜尽瘁，得无过劳，或致疾病。今后觉劳倦，即少休，静事调摄，切勿勉强趋直，致有违和。卿体安吉，即慰朕倚毗元臣同心致治之意。"范文程非常感动，慌忙叩谢圣主眷注之情。

顺治十一年（1654）八月，福临谕吏部："朕惟旌贤劝能，国有常典。大学士范文程、额色黑、宁完我，尚书郎球、巴哈纳、车克，侍郎祝世允，向在太宗时素效忠勤，历今始终不渝。或匡赞政机，劳深启沃；或经理部务，力殚猷为，成绩已彰，宜加恩晋秩。范文程，著加少保兼太子太保；额色黑、车克、宁完我、郎球、巴哈纳、祝世允，俱著加太子太保，各照旧办事。"

谕旨颁下，范文程感动之余，诚恐诚惶。亲朋好友纷纷登门道贺，可范文程哪里有心思享受荣耀？多年来，他一直拖着多病的身躯兢兢业业地工作，只有在多尔衮摄政的末期，他才在家"泡"了几次，稍得休息。年少的福临亲政之后，范文程复勤勤恳恳，日理万机，虽常受病患的折磨，却不敢稍有疏怠。他只想认真工作，不负"主恩"，并不想邀典显耀，致启他人之妒忌。更怕迅速地走上了事业的顶峰，因为那不仅是一个人迈向下滑之起点，而且是一种危险的信号。福临并不了解范文程之苦衷，只知道这位长者工作勤恳，办事稳妥，深值信赖，“旌贤劝能”，是天子为鼓励大臣忠心效国所必施之奖劝。他哪里晓得，皇帝盛典所加，反倒使久病未愈的范文程承受不了如此“恩荣备至”的压力。福临知道，晋秩诸臣必上疏谢恩，自然少不了范文程的。他觉得，范文程实为众臣楷模，受此荣典，当之无愧。待其谢恩之疏奏上，再说上几句激励的话，众臣定会以他为榜样，尽忠图报，国家安有不治之理？

范文程谢恩奏疏及时递上了，然而，少年天子大吃一惊！

二、安详善终

顺治帝福临为范文程等人晋秩的谕旨是八月二十六日发布的。很有可能就在第二天，范文程递上了他的“谢恩疏”。文曰：

臣一介庸流，蒙太宗文皇帝豢养三十年，至我皇上亲览万机，励精图治，臣尸位素餐，丝毫无补。自去年坐汤回京，屡蒙圣谕调理，赐以药饵。奈臣年衰神耗，元气难复，七月中复染痢疾，下血不止，屡欲上渎天聪。满洲从无告病之例，院务殷繁，需人佐理，若复隐忍，抚心难安。正尔踊躇不遑，而天恩隆重，列臣于诸臣之前，加臣以宫保之阶，宠命非常，惊惶失措。分宣驰叩天颜，遵旨办事，缘腹疾未痊，神虚目眩，不能入直，恳圣恩怜宥，容臣服药调理。倘不即填沟壑，报主有日也。

福临读毕奏疏，良久无语。范文程体质之劣，满朝皆知，为使他身体康复，不误公务，福临特准他去温泉洗浴，并命太医院备药以赐。原以为好转在即，国是有赖，万万没有想到，这位老臣竟一病不起了。福临“迟徊久之”，一时没了主意。若准其假，朝政需人佐理，范文程这样的贤良之臣，百不出一，恐难得心应手；若不准假，范文程劳国致疾，不予假休息，于情不合。反复思酌，福临终于怜范文程之劳瘁，于九月初一日谕吏部：“少保兼太子太保、内翰林秘书院大学士范文程，自太宗时办事衙门，二十余年，忠诚练达，不避艰辛，朕所倚赖。乃近以积劳成疾，虽暂假调理，心仍夙夜在公，未得专事药饵，旦夕奏效，深系朕怀，暂令解任谢事，安心调摄，特升太傅兼太子太师，昭朕眷礼大臣至意。伫俟病痊，以需召用。”准范文程离任休养。

范文程离任，对朝政确有影响。九月末，福临命调礼部右侍郎梁清标为吏部右侍郎兼内翰林秘书院学士；升内翰林弘文院侍读学士麻勒吉为本院学士。十月初一日，福临复谕吏部：“太傅兼太子太师、内翰林秘书院大学士范文程，抱病未痊，已有旨暂令解任，安心调摄。但院务殷繁，代理需人。著速推堪任数员具奏。特谕。”十月，升户部启心郎祁彻白为内翰林国史院学士；升侍读雷护为内翰林秘书院侍读学士。十二月，升学士胡兆龙为礼部右侍郎，兼内翰林秘书院学士；编修王无咎为内翰林弘文院侍读学士。经过一番人事安排，内翰林三院的工作得到了调整。

福临对范文程继续抱着殷切之期望，盼其早日摆脱病魔，重返政坛。这位有大功于清朝的太宗朝旧臣，致仕后，继续享受着天子的优隆礼遇。福临亲自调制药饵，派人送到范文程家中；赏赉各种御用之物，多不胜记。又因范文程身材高大，福临“命特制衣冠，求其称体”。顺治十四年（1657），福临下诏，为范文程加秩一级；又遣画工至范府，为范文程绘肖像，“藏之内府，不时观览”。可见，福临对范文程的感情，不亚于其父皇太极，他急盼着这位开国重臣能早日康健，指日入朝。

然而，虽然范文程每逢“吉月及朝廷大庆，必力疾朝服以朝”，他还是未返政坛。

谢政归家后，为静心养病，范文程“辟东皋为别业，稍构亭馆，植卉木，引亲故，徜徉其中，时以诗书、骑射课子弟”，似乎很悠闲自得，其实他心中并不安稳。老友亲故接踵探视，使他常常触景生情，追念过去；邸报迭至道听途说，又使他时时牵挂国政，心系朝廷。

范文程一生，在人际关系上是很成功的。我们未见过有人弹劾范文程的奏章，亦未曾找到他谤责他人之疏文。他别朝家居，人们怀念他、敬仰他，不只是同僚，不限于国人。朝鲜等外国使臣抵京，皆询范文程之年貌；他“每乘安车一出，儿童、妇女瞻望如堵”。同时，他也思念着同僚，尤其是入关前的那些老搭档。然而，新人辈出，旧友日稀，花甲老人，不免伤悲。

皇太极天聪时期书房“高、鲍、宁、范”四汉臣中，高鸿中于入关前已销声匿迹。鲍承先于崇德末年因病解任，顺治元年（1644）从龙入关，次年病卒，比较理解汉臣之间情谊的摄政王多尔衮，命大学士范文程前往“视含敛”。老臣宁完我顺治十五年（1658）以老致仕，而先范文程一年，于康熙四年（1665）去世。对这位共事最久的老同事之谢生，范文程悲痛难忍，潸然泪下。另有几位书房老汉臣，如马国柱，顺治十一年（1654）九月在江南江西总督任上，以衰老休致，康熙三年（1664）卒；罗绣锦，顺治九年（1652）卒于湖广四川总督任上；沈文奎，即王文奎，入关后曾任弘文院学士、淮扬漕运总督，顺治十一年（1654）左右，卒于陕西督粮道任上。

入关前的老大学士们，刚林已于顺治八年（1651）闰二月，因阿附睿亲王多尔衮而被处死；希福在刚林死前一个月复职，次年十一月卒于任上。

还有那位靠范文程协助而被清太宗皇太极收降的洪承畴，为大清宣力戎机，亦于康熙四年（1665），先范文程而逝。

虽说是人之生老病死在劫无免，自然规律不可抗拒，毕竟一物之悲，伤及同类，更何况噩耗迭至，老友相继逝去，范文程怎么能不触景生情，伤痛在心？即便他“生平器宇渊穆，喜怒不形于色”，然人非草木，情生于怀，内心深处之酸楚，范文程不会少有体会。这一批以汉族为主的知识分子，无论他们仕清前的背景、境遇如何，亦不论其后来的沉浮曲折，他们对大清开国奠基所做出的杰出贡献，在清政府统一全国、巩固统治过程中所起到的特殊作用，是载入史册、名垂后世的。作为这一群体的核心人物，范文程之致仕，标志着他们已度过了活跃于清初政坛的高峰期；迨至康熙五年（1666）范文程去世这十余年间，老文臣们接二连三亡故归天，则标志着这个群体逐步从历史舞台上消失。范文程几乎目睹了整个过程，虽是其悲，亦是其幸。

致仕以后，范文程至少有两次伤感的外露。一次是顺治十八年（1661）正月，年仅 23 岁的天子福临驾崩，范文程"哀恸如哭临太宗文皇帝时"，从君臣二人的感情之深厚来说，这话并非张大其词。另一次是康熙元年（1662）玄烨继位之后，因范文程系皇太极宠信旧臣，遂命他祭告昭陵。忆及往事，追念"皇恩"，范文程"伏地长恸，几不能起"。使他脱出奴籍的，是皇太极；使他飞黄腾达、光宗耀祖的，是皇太极；对他倚信不疑、恩惠远被的，还是皇太极；就连他与原配夫人之婚、家产田宅之置，均是皇太极所赐。这种备至之恩宠，在清初汉臣中是极其少见的，它建立起了范文程与大清皇族之间特殊的亲密关系，将范文程与清朝的命运紧紧联系在一起，是范文程忠心耿耿效劳异族政权的原动力。他临哭昭陵，既是对皇太极感恩戴德与怀念的交织，又是对自己体衰多病不能全力效忠大清之惭愧。

不过，大清处于兴旺发展时期的现实，使范文程更多地感受到的是慰藉。

在军事方面，清军取得了决定性的胜利，可谓"捷报频传"。顺治十四年

（1657），大西农民军内部发生严重内讧，主要将领之一孙可望叛归清朝，泄露了全部军事机密。次年，清军分兵三路，挺进贵州，经过激烈的军事较量，大西军精锐损失殆尽，其所扶持的南明桂王政权危在旦夕。之后，大西军统帅李定国龟缩孟艮，桂王小朝廷则逃往缅甸境内。顺治十八年底（1662 年初），吴三桂率军大举入缅，俘获桂王，绞杀之，最后一个南明政权灭亡。康熙元年（1662）六月，李定国病故，大西军瓦解。原李自成所部的大顺军余部，在荆襄、川东地区，联合原明军残余，组成“夔东十三家军”，坚持抗清，但在康熙三年（1664）被清军歼灭。至此，大规模的抗清斗争宣告结束，仅剩下郑成功集团占据着台湾一地。

在社会经济方面，由于清政府采取了诸如奖励垦荒、招抚流亡、实行屯田等积极措施，使社会经济有了一定程度的恢复。我们可通过统计数字以窥其概。以顺治八年（1651）、十一年（1654）、十七年（1660）相比较，人丁，分别为 10633326 丁、14057205 丁、19087572 丁；耕地面积（包括田、地、山、荡），分别为 2908584 顷、3896935 顷、5194038 顷；征银，分别为 21100142 两、21685534 两、25664223 两；征收米、盐、豆，分别为 5739424 石、5775189 石、6017679 石；盐课银，分别为 1965159 两、2186369 两、2716816 两。从顺治八年（1651）福临亲政至十七年（1660），10 年之中，人丁、田地增加几近 1 倍，银课收入增加了 500 余万两，成效不谓不大。

军事的胜利是立国之前提，经济的恢复是立国之保障，这两方面的成就，对其他各项事业的发展具有促进作用。在范文程谢政后的 10 余年中，清朝统治全国之政权的地位已完全奠定，不可动摇了，范文程遂越来越安心于“养疾”生活了。

范文程究竟身染何病？史籍中尚无明载。他自称“神虚目眩”，结合其长期疲于朝政、过于劳顿的实际分析，有可能患有心力衰竭等类疾病。当然，或许还有其他老年慢性病则不得而知了。有人认为范文程有丰富的经验和较高的威望，按道理讲是不会在他 58 岁正当壮年之际就突然告病乞休的。事实上在他致仕后的 12 年家居生活中，“辟东皋为别业，稍构亭馆，植卉木，引亲故，徜徉其中”，并非百病缠身。按照这种说法，只有终日呻吟方是有病，一直卧榻不起方是休养，笔者不敢赞同。有些疾病，尤其是心、脑、神经之病，是需要“静事调摄”，慢慢休中以养的，范文程所患之疾，当属这一类。正因为如此，12 年中，范文程悠然于闲情逸致中，并不足怪。

范文程致疾之因，乃“夙夜尽瘁”，长期处于疲劳紧张状态是主要的。心脑过劳，恢复至难，日复一日，年复一年，遂成恶性循环，引发病症，也就在所难免。另一方面，范文程“器宇洪深，人罔窥其喜怒”，性格内向，不具开朗，与其染疾不无关系。这是他坎坷的人生经历所致。古人云：“少年处不得顺境，中年处不得闲境，老年处不得逆境。”范文程少年（此处中年之前统称少年）不顺，中年不闲，老年不逆，似乎得有此道，即获正果。但长期心理上、精神上的压抑，使他得道而不行，获荣情不展。风华正茂、青春旺盛之时，骤沦奴隶行列，人身无自由，生命掌于他人之手，他不会有欢乐、开怀的日子。考试入书房，仕事清朝，在专制君主与满洲贵族双重压力与威胁之下，他终日战战兢兢，言语谨慎，行动小心，所以，从表面上看，他比宁完我，也包括希福、刚林等满大学士更幸运，但换个角度来说，范文程的思想情感、精神世界比他们更受压抑。以个性的束缚与牺牲为代价，才换来逢凶化吉，才换来安详善终，当然，也引来了病痛在身。

终于告别政坛，可以安心休养了，但近花甲之年的老人范文程早已形成了谨慎小心的生活习性，许多常人幸福欢乐、思想情感的表达、抒发方式，他无缘亦无兴致再去体验。他只能循封建传统士大夫所具良好修养而在行为举止中应守之规，蹈其个人所独尊养练成习的为人处世、日常生活一贯之矩。茶余饭后，范文程修剪木植、培灌花草，在与大自然的融洽交流中，体会“天人合一”的原始属性。“以诗书、骑射课子弟”，是范文程居家的一项重要工作。诗书，是中国古代知识分子教育子弟的主要内容，亦是他们对子孙后代攀登科举之路，举官入仕以通达显宦、光宗耀祖寄以殷切期望之突出表现。骑射，则是大清开国立业、平定天下之赖，是满族后代恪守祖宗遗训必修之课，范文程以之教习子孙，正说明他希望范门之后继承他的事业，尽忠报效大清国。如他临终之前叮嘱子嗣那样：“我老矣，恨未能以一死报列圣。汝当勉力官方，矢竭忠诚，以成我未竟之志。”

读书、聊天，是范文程休养期间之主要乐趣所在。他居官位久，历入关前后，僚友布中外；又先后任丙戌（顺治三年，1646）、丁亥（顺治四年，1647）、己丑（顺治六年，1649）会试主考官，中式后称弟子者遍于朝野，所以，前来探视者车水马龙。范文程每每与这些朝臣儒生说古论今，间接了解朝政，"辄夜分不倦"，虽谢政而不孤独、家居而不寂寞。这倒要感激顺治帝福临、康熙帝玄烨，正是由于皇恩浩荡，眷宠不衰，才使得心存攀龙附凤之意者，亦要临拜范府。说古也行，论今亦可，范文程这位儒臣，"惟不喜佛老"，就连家人也不敢从事这方面的任何活动，因此，"庭无其迹"。

范文程感情朴实、慷慨大方，"性廉慎，好施与，执政二十余年，家无长物"。他非常重视为官的道德修养，从不因公肥私，当然更谈不到损公肥私了。他除了官俸之外，包衣、田庄、房宅，皆是皇帝赏赐，并帮助他建立起家庭。显贵之后，范文程没有忘记中华民族所固有之"扶弱济贫"的传统美德，每逢故旧困乏之时，他不惜以皇恩所赐、官俸所余，倾囊相助。他"严饬家范，追远睦族，咸合古礼"。在战乱频仍的年代，族姓中有以兵燹之故离散而沦落陷身者，范文程便捐金赎还，获得了社会和亲友的赞誉。

辞官归园后，范文程在安心静养中，身体健康状况基本稳定下来，他的生命在延续。古人云，"人生七十古来稀"，话中透露出祖辈们对有幸活到这一年龄的满足。康熙五年（1666）正月二十二日，正是范文程70岁的生日，属大庆之年了。几天来，上下家人，大小奴婢，都在忙着为"老爷子"贺诞做准备。这天，辰时刚过，登门道贺的亲朋好友便接踵而来，范府一时热闹异常。前来的贵宾中，自然有几位特殊人物。一位是内翰林弘文院大学士蒋赫德，入关前他在书房学习，曾得范文程很多教诲，也算是“书房故旧”了。另一位与蒋赫德同官，名李霨，顺治三年（1646）进士，范文程是其考师，后应范承荫等兄弟之约，作《内秘书院大学士范文肃公墓志铭》，可见他与范家关系之亲密。再一位是实际上接了范文程班的内翰林秘书院大学士，亦是顺治三年（1646）进士魏裔介。望着新朋旧友、门徒弟子欢聚一堂，举杯共贺，范文程好不得意，范府真的热闹了一阵子。

转眼春过夏去，天气渐凉，到了农历七月十五日。范文程虽不喜佛老，亦知这一天是盂兰盆节，即老百姓俗称之“鬼节”。可能是人之将亡，在潜意识里，不自觉中又有所觉的缘故，范文程这天将诸子召集面前，谆谆教诲，要矢竭忠诚，报效国家，以成其未竟之志。

七月二十九日这天，范文程偶感寒疾，卧病于床，再也没有起来。八月初二日，临近中午了，这位 70 岁的老人，贪婪而又吃力地望了一眼窗外的蓝天，在儿孙们的号哭与呼唤声中，安详地闭上了眼睛。

这天夜里，没有月亮，没有星光。

丧表奏上，举朝震悼。13 岁的康熙帝玄烨亲自写了碑文，派遣礼部侍郎黄机前往谕祭，定谥号“文肃”。次年二月初四日，范文肃公文程安葬于皇帝所赐墓地——怀柔县（今北京市怀柔区）红螺山之阳，并立碑纪绩，将玄烨御制之碑文立于墓道。此后，玄烨每驾临红螺山，必赐祭奠。

范文程走了，他留下了许多，许多。

他留给大清朝的，是对他开国之功的感念。

他留给范族一门的，是荣华富贵、人丁兴旺。

他留给子孙的，是儒道家学、良田万顷。

他留给后人的，是千秋功罪，各有评说。

三、子孙之荣

范文程有一兄，名范文寀，努尔哈赤攻抚顺时亦被俘，其后事迹不见于清史。太宗朝《满文老档》崇德元年（明崇祯九年，1636）卷内，有“礼部启心郎范文在”，笔者疑系“范文寀”之转音。

范文寀之子嗣，有范达理者，初任牛录章京。顺治十年（1653）开始转战于两广地区，后又参加平定三藩之乱。康熙四年（1665）补授副都统，九年（1670）升任都统。积功获轻车都尉世职。康熙二十年（1681）病故，以范文程之孙范时望袭职。

范文程家门要比其兄兴旺得多。他建立家庭的具体时间尚不清楚，但从其原配夫人系皇太极所赐这点来说，应是在天聪三年（明崇祯二年，1629）以后。

范文程之长子生年无考，次子生于天聪九年（明崇祯八年，1635），若长子长次子一岁，为范妻婚后一年生育，范文程很有可能结婚于天聪七年（明崇祯六年，1633）。如果这个时间不准确，亦不会超出天聪四年至七年之间。

范文程除正妻陈夫人外，还有穆奇爵乐氏夫人、贾夫人、金夫人等庶妻，“并膺诰命”。范文程有子 6 人、女 5 人，都受过良好的教育。据说，他的家法最严，“子弟不稍假色笑。长子官户部侍郎，次子官翰林学士，往往侍立终日，不命之坐不敢坐”。良好的家庭教育，造就出一代栋梁之材。其女配名门，已知者，一嫁汉军旗人卢震，一许江南名门海宁陈家。

范文程诸子，可谓出类拔萃。长子范承荫，副都统加一级，曾任总督仓场户部左侍郎。四子范承斌，袭其父一等精奇尼哈番（即一等子）爵位。五子范承烈、六子范承祚，事迹不详。

范承谟，字觐公，号螺山，范文程第二子，天聪九年（明崇祯八年，1635）生。年 17 岁充侍卫，顺治九年（1652）中进士，读书翰林院。十二年（1655）擢内秘书院侍读学士，十八年（1661）升内国史院学士，康熙七年（1668）任都察院右副都御史，旋改浙江巡抚。

范承谟颇有其父之风，平日即留心于经国济世，对民生吏治了若指掌。抵浙江后，他“绝苞苴，禁私谒。公移呈牒，尝积日不批答，属吏莫能测。居月余，一日俱下。利弊情形，悉中机宜，诸僚吏皆相顾叹服”。他大力整顿吏治，使这一繁庶地区的政局有所改观。浙江赋课向重，范承谟分别情况，提请减免。范承谟所请之事，康熙帝玄烨一概准行，使他对“圣上知遇”感激万分，全身心投入工作中，致蹈其父损伤健康之辙，遂上疏请罢，朝旨温慰许之。浙江百姓听到消息，“辍耕罢市，走乞督臣题留。事闻，特颁温谕，勉令力疾视事”。康熙十一年（1672）冬，加兵部右侍郎兼都察院右副都御史，总督福建军务，清廷拒绝了范承谟的辞官之疏，但允许他进京陛见。“濒北发，浙民送者，亘百十里，拥舟不得前”“十余日出境，百里外始得放舟长行”。可见，范承谟在浙政绩非凡，已获得当地人民的广泛拥戴。

范承谟入京后，玄烨“慰问备至”，诏遣御医就其府第诊视，赐上方药饵。月余，其病稍有好转，玄烨便命范承谟驰赴新任，并遣侍卫吴丹传谕：“尔向有贤声，与他人不同。且福建边疆重地，海氛未靖。尔其益加勉励，副朕委任。”并于常例赏赐之外，加赐衣帽及内厩鞍马 1 匹。玄烨哪曾想到，此次相见，竟成了君臣之诀别。

福建总督原驻漳州，迨至范承谟临任，因清廷决计撤藩，将命靖南王耿精忠统藩属还京，特命总督移驻福州。范承谟刚到任，即得到了吴三桂反叛的消息，并觉察到耿精忠有异志，遂上疏请暂停裁减督标绿营兵，巡行海滨，酌宽边界，令民开垦，分遣镇兵屯粮隙地，以裕军饷。疏上未久，耿精忠已叛，迫范承谟降归，遭拒绝，被囚于室达两年之久。康熙十五年（1676）九月，清军破仙霞关，耿精忠见大势已去，准备投降，恐范承谟发其罪恶，于九月十六日夜，将范承谟及其幕宾、亲属、家丁、隶卒等 53 人全部杀害，焚尸于野。泰宁骑兵许鼎敬佩范承谟，负其残骸万里潜行，次年达京师。事闻，玄烨痛悼，遣内大臣佟国维等3人、御前侍卫20人哭临其丧，又亲书碑文，“恤典概从优厚，营葬加祭”。加赠太子少保兵部尚书，赐谥“忠贞”，荫一子入国子监读书，在福州建专祠，御书“忠贞炳日”以额其祠。玄烨又应范时崇之请，为范承谟囚禁时“以墙壁为书笺，以桴薪为笔墨”所成之诗集《画壁集》作序，并以御书墨本，命养心殿装潢，钤用玉玺，赐给范承谟家。康熙十九年（1680）耿精忠伏诛。范承谟子范时崇执利刃，寸磔其肉，取其心以祭父。

与范承谟同遇害的家人中，有其族弟范承谱，未入仕，助范承谟理政务，后经玄烨批准，入范承谟祠堂陪祀。

范承勋，字苏公，号眉山，范文程第三子，生于崇德六年（明崇祯十四年，1641）。康熙三年（1664），以恩荫补工部都水司员外郎，为入仕之始，“任西曹十年，以贤能著”。康熙十九年（1680），范承勋奉命领禁兵往赴其族兄都统范达理军营，会剿三藩余孽。及至，范达理已卒于军，“承勋为治含敛，衔哀疾进”。还京后，任至内阁学士。康熙二十四年（1685）授广西巡抚，临行前辞别清圣祖玄烨，玄烨诫之曰：“汝父兄皆为国宣力，汝当洁己爱民，毋信幕僚，沽名妄作。”任内，范承勋采取了一些利民便民措施，以恢复当地经济。次年夏，清廷命范承勋加兵部右侍郎，仍兼右副都御史，总督云南、贵州。

当时，滇、黔地区经吴三桂叛乱之战祸破坏，满目疮痍，民生凋敝，百业俱废。范承勋就任后，日夜筹划，励精图治，不稍疏怠，社会遂告安定，民困赖之有纾。清人记载："承勋制滇十载，屡勘大狱，销兵变，起疮痍，布置周密，俾岩疆巩固，九重无南顾忧。"康熙三十二年（1693）冬，范承勋奉旨陛见，值玄烨祭孝陵，君臣相会于米峪口，玄烨动情地说："汝父兄先朝旧臣，汝兄复尽节。朕见汝因思汝兄，心为轸戚。不见汝八九年，汝须发遂皓白如此。郊外苦寒，以朕所御貂冠、貂褂、狐白裘赐汝。汝且勿更衣，虑中风寒。明日可服以谢。"次年元旦，赐宴于乾清宫，并御书"世济其美"匾额以赠。玄烨对范承勋推恩如此。

在京期间，范承勋数蒙召对，具疏条奏甚多，皆系边防要务。康熙三十三年（1694）迁都察院左都御史、江南江西总督，在任除陋规、减民赋、兴水利、赈灾荒，政绩有声。康熙三十七年（1698）其母去世，范承勋回旗守制，葬母于密云县（今北京市密云区）康谷庄。丧事毕，范承勋入宫谢赐祭恩礼，玄烨安慰道："母年八十，子亦六旬始遭丧，是人间难得事，毋过哀也。"范承勋遂结庐于墓侧，足迹不入城，从此，外官生涯亦告结束。对于这段经历，清人评论说："承勋制抚边腹，十有四年。凡所兴革，皆大利大弊。尤慎重人材，振兴文教，改建云南学宫，捐修江宁府学，请广江南中额，士子诵义不衰。"

此后，范承勋晋兵部尚书，曾参加河工水利、察勘大案工作，但多病的身体给他带来了麻烦。康熙四十二年（1703）秋，忽患怔忡，左手足不听使唤。十月某日，领班引见，出门间忽然倒地，玄烨诏令太医赶赴调治。次年正月，范承勋扶病至畅春苑谢恩，并上疏请求休退，玄烨允其以原官休致。

退休后，范承勋“栖息田园，先茔必亲祭扫。始祖仲淹，旧有书院于姑苏，倾圮已久。承勋大为修葺，并恢复其地。又高祖镜，曾以鹾司，流惠商民，淮扬人建祠以祀。承勋至，增饬一新。生平恩赐甚多，予告后，时蒙温旨存问”。康熙五十三年（1714），范承勋卒于家，年 74 岁。玄烨闻讯轸悼，赐祭葬如典礼，准入江南江西名宦祠。

范承谟、范承勋等兄弟们，素著修养，勤廉于政，实承乃父之遗风，不辱范门声名。范文程子辈若此，其诸孙辈亦是名宦迭现。

范时崇，字自牧，范承谟之子，康熙二年（1663）生。康熙二十三年（1684）以其父为国殉难，荫任奉天辽阳州知州，后屡迁府同知，升至直隶顺德府知府。“在任兴学校，恤穷黎，郡人颂其德。巡抚知其能，特疏请调宣化府知府。”当时宣化府州县新设，规制未定，满汉杂处，矛盾重重。又值准噶尔部贵族噶尔丹叛乱，军需浩繁，供应艰难，范时崇发挥才能，泰然以处，井然有序，皆告妥当。康熙三十五年（1696），清圣祖玄烨亲征噶尔丹，途次宣化，召见范时崇，询问地方情形，范时崇详细奏对，不稍假误。玄烨又问：“汝父死难，汝何以得脱？”范时崇答：“以随祖母来京，故获免。”玄烨又命他作诗、射箭，并予褒奖，赐御书《舞鹤赋》一篇。后升任分巡天津道、福建按察使。康熙四十一年（1702）范时崇入宫陛辞，玄烨对众大臣说：“此开国名臣之孙，殉难忠臣之子也。”来到父亲罹难之地任职，范时崇感慨万千，每于朔望，拜祭其父于道山祠，哀恸不能已，僚属深为感动。在任期间，“谳狱期于平允，不尚峻刻”。

康熙四十四年（1705）后，范时崇先后升任山东布政使、广东巡抚、福建浙江总督，在任恪尽职守，政绩可称。康熙五十三年（1714）回京陛见，汇报闽海地方情形，玄烨赐其孔雀翎及“秉钺屏翰”匾额、对联一副。范时崇将回任时，玄烨又作《饯行诗》一首赐之，“亲洒宸翰，题于卷轴，后附诸王大臣等恭和诗”。从诗序中，反映出大清皇家对范文程后代之恩眷不衰：“浙闽总督范时崇，陛见来京。朕每念伊祖为开创宰辅，伊父乃尽节忠义，所以待之优重。今因回任，特书御诗饯送。”次年，范时崇内升都察院左都御史，兼管本旗佐领，继升兵部尚书。康熙五十九年（1720）三月以疾告休，奉旨解任调理，十二月病卒。

范时绎，范承勋子，自佐领升至马兰镇总兵。雍正四年（1726）署两江总督，兼任汉军都统。次年底，范时绎疏请自雍正六年（1728）始，江苏、安徽各州县应征丁银，均入地亩内征收，于是始行地丁并征制。雍正六年（1728），授户部尚书，仍署总督。雍正八年（1730）因事革职，旋命协理河东河务。河东总督田文镜奏劾范时绎怠误河工，得实，清世宗胤禛非常气愤，下谕说：“朕以范时绎为勋臣后，加以擢用。朱鸿绪尝奏时绎廉。至日用不能给，朕深为动念，优与养廉。后知时绎例所当得，未尝不取。朕犹令增稍，盖欲遂成其廉，使殚心力于封疆也。顾时绎袒私交，容奸宄，朕复密谕李卫善为保全。且范氏为大僚者，惟时绎及其从弟时捷，勋臣后裔，渐至零落，朕心不忍，所以委曲成全之者至矣。复命协理河务，岂意伏汛危急，时绎要坐于旁，置国事弁髦，视民命草芥。负恩瘝职，他人尚不可，况时绎乎？”可见，范时绎已失其祖、父之德，贪赃枉法，败坏门风。

范时绎被逮治，部议论斩，胤禛念其祖、父为国之劳，特宥之，后授镶蓝旗汉军副都统。雍正十年（1732）任工部尚书，兼镶黄旗汉军都统。雍正十二年（1734）罢尚书，次年，因行贿获罪，不久即赦免。乾隆六年（1741），卒。

范时捷，范承斌子，自参领升任陕西、宁夏总兵，署陕甘提督、陕西巡抚。雍正三年（1725），迁镶白旗汉军都统。雍正五年（1727），因范时捷曾得大将军年羹尧荐举，及清世宗胤禛大兴年羹尧之狱，顺藤摸瓜，穷治其党，牵连到范时捷，遂罢都统职，旋授侍卫。雍正八年（1730）授散秩大臣，这时，范时捷从兄范时绎以协理河东河务误工被罢黜，胤禛见范文程诸孙“无为大僚者”，命范时捷署古北口提督，直隶总兵官均听其节制，胤禛并下诏勉其改过自新，后移任陕西固原提督。乾隆二年（1737）授散秩大臣，次年卒。

范时绶，范文程之孙，雍正时期，由笔帖式累迁至户部郎中。乾隆初年，升任湖北布政使。乾隆十六年（1751）署湖南巡抚，上疏奏称：“湘阴、益阳诸县，察有私垦千余顷，皆濒洞庭，岁旱方获，请缓升科。洞庭诸私垸窒水道，劝禁增筑。”获得批准。此举对保护垦民利益，保证水道畅通，防止水灾发生具有一定的作用。此后，相继任江西巡抚、户部侍郎，署都统，赴西路屯田。乾隆二十四年（1759），副都统定长弹劾范时绶“役兵渔利”，清高宗弘历派人前往调查，结论是范时绶“未尝役兵”，只是手下仆从“藉事求利”，但他还是有推卸不掉的责任，因此而丢了官，命交定长责其自效。乾隆二十六年（1761）重新起用，先后任头等侍卫、镶蓝旗汉军副都统、吏部侍郎、哈尔沙尔办事大臣、左都御史。乾隆三十二年（1767）授湖北巡抚。范时绶奉命入京召对，弘历见其体质虚弱，不能任封疆之事，遂于翌年命授都统、左都御史，留京供职。乾隆三十六年（1771）在工部尚书任上去职，乾隆四十七年（1782）卒。

范时纪，范文程之孙，乾隆初年任工部员外郎，四迁至广东按察使。乾隆二十五年（1760）俸满入京觐见，高宗弘历见范氏一门无任显官者，遂授范时纪镶红旗汉军副都统，次年升任工部侍郎。范时纪曾仕官地方，比较注意民生问题，他经过一番调查了解之后，上疏请于京南诸州县开田种稻，以提高土地使用效率及粮食产量。朝廷认为可以考虑，命下直隶总督方观承“察土宜酌行”。此后，范时纪先后出任仓场、户部、礼部诸侍郎。乾隆四十二年（1777），因年衰改任副都统。

范文程孙辈以后，家道严重衰落了，被挤出了“名宦”之列，不过，仍不乏入仕者。

范宜宾，范文程曾孙，以荫生官户部郎中，历任御史给事中、太常寺少卿、安徽布政使。在皖期间，与巡抚胡文伯不和，致生矛盾，两江总督高晋报知朝廷，清高宗弘历遂召范宜宾还朝，任命为左副都御史。范宜宾奏劾胡文伯，称属县出现蝗灾，屡请捕治，胡文伯固执己见，拒不实行，弘历于是罢胡文伯职，范宜宾亦因捕蝗不力，下吏部察议，受降职处分。弘历以范宜宾旧为御史，比较勤勉，命仍为御史。范宜宾以己曾任布政使，受巡抚掣肘，遂上疏言：藩臬有所陈奏，辄呈稿督抚，应当禁饬。弘历则认为，整饬吏治，只要朝廷纲纪肃清，自无扶同蒙蔽之事，不在设法峻防，寝范宜宾之议不行。

乾隆三十九年（1774），爆发了山东寿张县民王伦起义，给事中李漱芳上疏称：百姓聚众滋事，实为饥寒所迫；近畿亦有流民扶老携幼，迁徙逃亡，官府设监于卢沟桥，阻民不许北行。范宜宾亦有此同情之奏，并请增设粥厂赈济流民。这样的奏章岂不是给“乾隆盛世”的一片歌功颂德之声抹黑泼冷水？工于心计的乾隆帝弘历不动声色，命侍郎高朴、袁守侗率范宜宾、李漱芳往卢沟桥及近畿诸城镇巡视，“初无流民”。王伦起义被镇压后，将俘虏槛送京师廷鞫，“命漱芳旁视，无言为饥寒迫者。问岁事，对秋收尚及半”。至此，弘历认为证据确凿，铁证如山了，便大骂李漱芳等人妄言，“代奸民解说，心术不可问，不宜复居言路，为世道人心害”，降李漱芳为礼部主事。范宜宾则身份异于他人，他不仅是开国勋臣之后，而且居于旗籍，是“汉军世仆”，皇家之近侍奴才，“乃敢妄言干誉，特重其罚”，被夺职罢官，遣戍新疆。

范宜恒，范文程曾孙，范时绶子，乾隆中叶由云麾使授参领渐升至福建福宁镇总兵，后因至亲之丧，回旗，乾隆四十七年（1782）授正蓝旗汉军副都统。乾隆五十七年（1792）清高宗弘历颁特旨：“原任大学士范文程，在国初时勋庸懋著，其子承谟又靖节捐躯，今其裔孙内无文职大员，殊堪轸念。范宜恒，著加恩补授工部右侍郎，仍兼副都统。”嘉庆元年（1796），范宜恒升任户部尚书，次年卒。

范宜清，范文程曾孙，乾隆年间曾任盛京工部侍郎。

范建中，范文程四世孙，范时捷之孙，袭一等男爵。初任副参领，嘉庆元年（1796）升广州副都统，后回京入部为侍郎。嘉庆四年（1799）授户部尚书，署正黄旗汉军都统，旋改任都察院左都御史，外迁杭州将军。次年卒，赐谥号“恪慎”。

范建丰，范文程四世孙，嘉庆十一年（1806）正月命为乌什办事大臣，次年九月调喀什噶尔参赞大臣，嘉庆十三年（1808）六月奉召回京，嘉庆十五年（1810）七月命为阿克苏办事大臣，次年九月复调喀什噶尔参赞大臣。范建丰就这样在新疆颠沛数载，历尽艰辛，于嘉庆十七年（1812）七月革任。他曾任官至吏部侍郎。

据清人所说，范文程诸世孙“皆以汉军任满缺，一时称异数云”。

综括来说，范文程的子孙后嗣，在社会政治地位方面有两个主要特点：一是不乏显宦，二是家道渐衰。

范氏一门不绝于仕途与家道渐衰，其成因是多方面的，二者又是交互联系的。从最基本处开始挖掘，我们会看到深刻的社会背景。乾隆朝（1736—1795）中后期，清朝已开始步出了它的繁盛阶段，整个社会都走上了下坡路。

那么，与清朝政治命运息息相通、至为密切的范氏家族，很难摆脱家道与国运相悖而行的结果。

有一点是不可忽略的，范家是镶黄旗汉军，是当时中国社会中的特殊阶层，他们以爱新觉罗家族“世仆”的身份异于非旗籍的广大汉族人民。范文程的后世们，既由于范文程对大清开国立业之突出贡献，也因为入籍上三旗，历朝皇帝遂屡屡垂青“推恩有加”，不使范门子嗣从政治舞台上消失，并令他们享受“满洲”待遇（对此，大学士宁完我则惭愧了，他仅本人有“满洲大臣”的待遇，而范文程则荫及家族）。于是范家不仅世代为官，还经常跻身于一品显宦。当然，胜任与否，素质高低是不无问题的。另一方面，正是由于范氏一门入隶旗籍，八旗社会日益衰落之象从他们家族中也体现了出来。自范文程到范承谟，到范时崇，到范宜宾，直至范建中，把他们的仕宦轨迹联系起来，与八旗从蓬勃兴起，到立国树勋，到逐渐衰微的道路几乎是同步而合。这说明，无论是个人还是家族，其成败兴衰，与社会发展的关系是至深至切的。

不错，范文程给儿女们以良好的家庭教育与影响，因此便出现了范承谟的殉国尽忠、范承勋的突出政绩。然而，任何国家、任何社会、任何人都没有很好地解决一个问题，即：功臣之后、元勋子孙怎样才能不走上腐化堕落的道路？历史可能会提供很多答案，然而，没有一个答案是行得通的。也许“新陈代谢”不失为有效的方案，可是，很少有人对此阐幽发微，笔者亦无能为力。

范文程的子孙们虽然一代不如一代，但在清代汉族功臣中，已属门第相沿、宦风久传者了。他们从其祖范文程那里，从与范家有亲密关系的爱新觉罗家族那里享受了很多荣誉，从总体上来说，也没有大辱范文程之名，这已足以称得上是范文程“子孙之荣”了。

第八章 清人之评

中国有句古语“盖棺论定”，对故去之人总要有一番评价。范文程对大清建立与事业发展，功劳卓著，封建统治阶级对其评价自然很高。康熙五十三年（1714），清圣祖玄烨为范文程祠亲题“元辅高风”匾额。雍正年间，清世宗胤禛下诏，命奉范文程入祀贤良祠，已经为评价范文程定下了基调。清代的官书皆循此而行，将其列名于“开国宰辅”或“名臣之首”大加歌颂。例如，《八旗通志》初集“名臣列传”中，镶黄旗汉军世职大臣开篇便是范文程。私人著述亦多加仿效，如《碑传集》“开国宰辅”，范文程位居前列；《国朝先正事略》第一卷“名臣”，第一篇即“范文肃公事略”；《国朝耆献类征初编》卷一，第二篇是范文程，仅列希福之后。

至于评价，清朝官书比较侧重于叙史记事，少发议论；私述则不同，开篇结尾，大加歌功颂德，对范文程可谓推崇备至。

《内秘书院大学士范文肃公墓志铭》，是笔者所见范文程的最早传记，被钱仪吉收入著名的《碑传集》中。作者李霨，前已提到，与范家过往甚密，他于范文程去世不久，受范承荫诸兄弟委托著成该文。作者笔锋初启，即言：“国家定鼎燕京，武功赫奕。其以文臣著夔，调绥乂勋，为中外瞻倚者，首故太傅范公。”他认为，范文程“独领机密，出而折冲，入而借箸，鞠躬尽瘁”，因此，“勋烈垂国史，懿德载家乘，遐裔荒陬，无勿识其姓字，即百世可知也”。这是范文程同时代人对他的评价，虽然华丽辞藻的修饰给人以高誉夸张之感，但作者所述是符合史实，可以信赖的，所以后人常常引用，无出其右者。

顺康时期著名谏臣魏象枢对范文程的评价，是后人有所忽略的。魏象枢自顺治初年中进士留朝任用后，对范文程执弟子礼，双方关系非常密切。范文程去世后，魏象枢悲痛之余，作《祭太傅范座主文》以抒怀念之情。兹录这篇感人之祭文于后，以为当时人评价范文程之证。

吾师番番元老，休休个臣，忠君爱国之诚，出于天性，尊贤下士之量，冠于朝班。诏孅弼违，有宣公之论奏而不著其迹；同心一德，有召公之夹辅而不尸其功；难进易退，有留侯之知止而不高其名；履泰居谦，有潞公之大年而不变其节。此皆所以见知于先帝，见信于同朝，见谅于天下之缙绅大夫，以及儿童走卒，而非门下士所敢称述而悼惜者也。

象枢之所以称述悼惜于吾师者，惟在二十余年渊源之本末而已。吾师丙戌主会试考，象枢成进士，随同榜谢恩毕，踵门按一刺，而吾师未识某某之面貌、姓名、籍贯也。未几考选庶常，象枢滥竽其列，吾师奉命送鼎甲暨庶吉士入翰林院读书，是日始得见吾师颜色，而吾师仍未识某某之面貌、姓名、籍贯也。既为吾师衙门官，朔望循例作阁揖，外无私谒。每元旦开印后，及吾师诞日，持刺拜贺，阍者例辞不受帖。迨至改授掖垣，以迄莅历光禄前后，凡十四年概如此。顺治十年内，象枢忽遭萋菲，几成冤狱，午门外会审，事属子虚。都人传说会审时，吾师剖悉情事，举朝洞然。象枢于光天化日之下，得以全名节而雪奇冤者，赖先帝之圣明，而满、汉诸君子之有公道也。吾师之德，安可忘哉！然而以德报德，中心藏之矣。顺治十六年，象枢以母老，蒙予终养。时吾师久居林下，象枢亦谢事将归。两无嫌疑，力疾一谒。吾师乃延入园亭，命之坐曰：“十余年师弟，今日才见一面。”象枢起而谢曰：“吾师之恩，象枢之罪也。但吾师未受象枢一瓶酒，象枢未领吾师一杯茶，何独于四百门弟子中，知象枢之深耶？”吾师曰：“尝在会议处见丈有直气，是我国家可用之人，不欲他人诬害耳。”象枢不觉泫然涕下，吾师亦含泪不言。少倾曰：“太夫人年若何？”象枢曰：“七十一岁。”吾师曰：“年高正宜在膝下，余亦老矣，此后不知与丈再见一面否？吃我一饭去。”饭罢，握手而别。业经八载，果不能再见吾师矣，呜呼！恸哉，恸哉！

忆象枢归里之日，设阙位于存泽堂中，并置吾师生位于左，每朔望叩头毕，即拜吾师位前，如问起居。今年十月之朔，忽闻吾师讣音，遂抱生位于别室，哭而祭之。奈子幼不克往奠，遣仆魏居跽于门墙之外，以门下士代祭焉。吾师遗有诸世兄之贤，克世其家，且上而帝悼元辅，下而朝惜哲人，亦无需小子之生刍为者。惟吾师夙许象枢有直气，因直述二十余年一面之古道，四百人中独知之大德，以报吾师于地下。昔刘元城事司马公，当其在朝，书问削迹；及其闲居，亟问无虚月。况与吾师生死隔世，何嫌何疑之有哉！愿服心丧三年，勿削“门人”两字，敢告灵爽，实式鉴之。

这篇饱含着魏象枢对范文程无比崇敬与怀念之情的千字之文，见载于《寒松堂集》。时人认为：“阅此文竟知范公与先生有知己之恩，又不可以寻常同论也。”这只是一个方面。关键在于，此文向人们展示了范文程之品格，代表了当时人对范文程无争议的评价。

另外，晚清名士李元度纂《国朝先正事略》，其首篇《范文肃公事略》对范文程亦有评价，云：“国家肇兴东土，光宅方夏，开国佐命之英，皆天潢贵胄，位列亲藩，勋在册府，未敢援入先正之列。即翊运勋臣之侑飨太庙者，若信勇公费英东、宏毅公额亦都、武勋王扬古利等，又皆立功天命、天聪、崇德间，在世祖章皇帝统壹区宇之先。故论入关后宣力文臣，必以范文肃公称首。公历事太祖、太宗，当王师入关时，首定大计，劝进兵，诏、敕、檄、谕，皆出其手。终世祖朝，位元辅，经营草昧，用弼成我国家丕基。薨于圣祖康熙五年，躬阅四朝，登上寿，子孙继武，为国宗臣，视汉之酂侯、留侯，唐之房、杜，宋之赵中令，元之耶律文正，明之诚意伯，有过之无不及已。”这个评价似有过誉之处，但确是晚清之人对范文程之普遍印象，他们认为，如此称誉，范文程是当之无愧的。

《清史稿》卷232，将希福、范文程、宁完我、鲍承先合于一传，共同评价。其传论称："太祖时，儒臣未置官署。天聪三年，命诸儒臣分两直，译曰'文馆'，亦曰'书房'；置官署矣，而尚未有专官，诸儒臣皆授参将、游击，号榜式；未授官者曰'秀才'，亦曰'相公'。崇德改元，设内三院，希福、文程、承先及刚林授大学士，是为命相之始。希福屡奉使，履险效忱，抚辑属部；文程定大计，左右赞襄，佐命勋最高；完我忠谠耿耿，历挫折而不挠，终蒙主契；承先以完我荐直文馆，而先完我入相，参预军画。间除敌帅，皆有经纶。草昧之绩，视萧、曹、房、杜，殆无不及也。"这是进入共和时期，清朝遗老们对书房诸臣之评价，论勋绩以范文程为冠。

以上，皆为对范文程的总体评价。若从具体方面来看，范文程对清朝、对历史有哪些贡献？后人亦不乏总结之论："清开国元辅，在汉臣中必首推范文肃公文程，其遭遇如汉之留侯、明之诚意，而建树宏远则过之。世传其三大议，尤足固根本。流贼破明燕京，吴三桂来乞师，睿亲王召公筹策，公曰：'贼恶稔矣，可一战破。惟好生者天之道，古未有嗜杀人而得天下者。国家欲统一方夏，非义安百姓不可。'王用其言，入关申严纪律，妄杀者罪，遂定京师，一大议也。明季赋额屡增，民不堪命，公廷对请用万历时额，从之，天下大悦，二大议也。闯、献乱后，土旷民稀，公条上军屯事宜，诏议行之，流亡渐集，裁兵不哗，三大议也。公以孔孟之学术，为伊旦之经纶，张、刘两文成乌足语此。"这一高度概括，是准确、恰当的。

那么，范文程为何能创造如此业绩？清人未究其详。宋荦撰《筠廊二笔》，略举其一，他称："范文肃公文程为本朝名相，开创规模，皆其翊赞。当王师入关之初，公首建大议，佐成国家无疆丕基。观其致诸王启，谆谆以任贤抚众、秋毫无犯为言，嘉谟谠论，非仰承文正公家学，曷克有此？"作者肯定了家学、门风对范文程的影响，其论不谬。

范文程生平大事年表

公元1597年（明万历二十五年） 1岁

正月二十二日亥时，生于明辽东沈阳卫抚顺堡。名文程，字宪斗，号辉岳（另作辉嶽）。父名范楠，长子名文寀，文程是其次子。是岁，明廷命杨镐为经略，统兵援朝抗倭。

公元1614年（明万历四十二年） 18岁

考中沈阳县学生员。

公元1615年（明万历四十三年） 19岁

努尔哈赤确定八旗制度。

公元1616年（明万历四十四年） 20岁

努尔哈赤在赫图阿拉称“覆育列国英明汗”，建立“后金”政权，年号“天命”。

公元 1618 年（明万历四十六年，后金天命三年） 22 岁

四月十三日，努尔哈赤发布“七大恨”讨明檄文，誓师伐明。十五日，后金军克抚顺城，明游击李永芳降，范文程兄弟被俘。二十六日，后金军返回赫图阿拉。范文程后来隶镶红旗下为奴。九月，明始加派“辽饷”。

公元 1619 年（明万历四十七年，后金天命四年） 23 岁

二月，明经略杨镐分兵四路进攻赫图阿拉。三月，后金军取得萨尔浒大捷。八月，后金军攻灭叶赫，扈伦四部尽归后金。

公元 1621 年（明天启元年，后金天命六年） 25 岁

三月，后金军攻陷辽阳、沈阳等城，范文程随征。四月，后金迁都辽阳。

公元 1622 年（明天启二年，后金天命七年） 26 岁

正月，后金军攻西平、下广宁，范文程随征。

公元 1625 年（明天启五年，后金天命十年） 29 岁

三月，后金迁都沈阳。十月，努尔哈赤命八旗大臣前往各路屯堡，甄别汉人，杀“奸”留“顺”，然后“按丁编庄”。

公元 1626 年（明天启六年，后金天命十一年） 30 岁

正月，努尔哈赤统兵围攻明宁远城，被守将袁崇焕击败。八月十一日，努尔哈赤死于叆鸡堡。九月初一日，皇太极即汗位，宣布明年为天聪元年，大赦死罪以下之犯，颁谕旨安抚汉官汉民。

公元 1629 年（明崇祯二年，后金天聪三年） 33 岁

八月二十三日，皇太极发布考校生员上谕。九月初一日，范文程参加科举考试，中榜，脱奴籍，仍隶镶红旗。此后，入侍“书房”。十月初一日，皇太极亲率大军入口伐明，十一月初三日攻克遵化城，命范文程随参将英俄尔岱统兵留守，范文程参与了取潘家口、马兰峪、三屯营、马栏关、大安口五城军事行动，因功授参将世职。

公元 1630 年（明崇祯三年，后金天聪四年） 34 岁

三月初二日，皇太极返抵沈阳，范文程仍驻遵化城。初十日，贝勒阿敏率兵往守关内四城。五月初九日，滦州被攻，后金援军大挫，贝勒阿敏将迁安兵民悉迁永平。十二日，滦州后金守军弃城奔永平，阿敏闻信大惊，下令尽屠永平城中新降汉官及百姓，然后率军逃回沈阳。遵化守军亦突围而归，未受损失，范文程遂受薄惩，由参将降为游击。

公元 1631 年（明崇祯四年，后金天聪五年） 35 岁

七月，后金定官制，设六部，范文程于是年曾任职刑部，旋转回书房。七月底，皇太极统大军伐明，八月初六日始围大凌河城。初十日，贝勒岳讬遣范文程招降西山一台，内有生员 1 人、男丁 72 人、妇女 17 人，获牲畜 47 头，“即付范游击养之”。十月，明大凌河守将总兵祖大寿降，皇太极纵之去。蒙古族降兵欲叛去，皇太极大怒，意屠之，范文程急觐见，“从容进说，贷死者五百余人”。

公元 1632 年（明崇祯五年，后金天聪六年） 36 岁

四月初一日，皇太极发兵征察哈尔林丹汗，二十二日越兴安岭，次日知林丹汗远遁，二十四日范文程与参将宁完我、秀才马国柱联合上书，建议进攻山海关，未被采纳。五月二十七日，后金军占领柏兴，皇太极驻营归化城。六月初五日，宁完我、范文程、马国柱应诏就掠明问题提出对策。是年底，鲍承先、宁完我、范文程应诏提出考察启心郎优劣之办法。

公元 1633 年（明崇祯六年，后金天聪七年） 37 岁

春，明将孔有德、耿仲明叛归后金，三月二十七日，皇太极遣范文程与吴赖等将领率兵赴旅顺口迎接。大约在本年左右，范文程成婚，夫人陈氏为天子所赐。此后，又纳穆奇爵乐氏、贾氏、金氏诸妻。

公元 1634 年（明崇祯七年，后金天聪八年） 38 岁

正月，明将尚可喜来降，范文程奉命率兵打探、迎接。三月，在范文程建议下，后金考试汉族生员，按成绩分列三等，共取 228 人。五月，皇太极谕定“旧汉兵”之名为“汉军”。大约在是年或稍前，长子承荫生。

公元 1635 年（明崇祯八年，后金天聪九年） 39 岁

二月十六日，上奏“请严核保举”。是月，多尔衮等远征察哈尔残部，收服林丹汗之子及其余众，获元传国玉玺。是年，次子承谟生。

公元 1636 年（明崇祯九年，后金天聪十年，清崇德元年） 40 岁

三月初六日，改文馆为内三院，内秘书院由范文程任承政、大学士。四月，皇太极即皇帝位，改元崇德，国号大清。五月，升世职为二等甲喇章京。是年底，皇太极统军伐朝鲜，范文程随行，与希福、刚林联合谏阻掳掠妇女。

公元 1637 年（明崇祯十年，清崇德二年） 41 岁

七月，以一品大臣前往蒙古科尔沁部，册封和硕公主及蒙古和硕亲王、多罗郡王妻等。分汉军为两翼。

公元 1638 年（明崇祯十一年，清崇德三年） 42 岁

七月，奉命主持商讨户部承政、启心郎人选问题。不久，又提出对六部、两院的改革方案。八月，开科取士。

公元 1639 年（明崇祯十二年，清崇德四年） 43 岁

六月，奉命析汉军二旗为四旗。

公元 1640 年（明崇祯十三年，清崇德五年） 44 岁

睿亲王多尔衮率军围困锦州。

公元 1641 年（明崇祯十四年，清崇德六年） 45 岁

三月，以多尔衮有违军令，皇太极盛怒，范文程居间调解，得释。七月，请开科取士，允行。是年，三子承勋生。

公元 1642 年（明崇祯十五年，清崇德七年） 46 岁

二月，清军克松山城，明军主帅洪承畴被俘，范文程助皇太极收降之。三月，祖大寿以锦州降。六月，始设汉军八旗。是年，农民起义军李自成部在襄阳建立政权。

公元 1643 年（明崇祯十六年，清崇德八年） 47 岁

八月初九日亥时，皇太极逝世。十四日，诸王、贝勒等集议，立福临为帝，以明年为顺治元年，睿亲王多尔衮、郑亲王济尔哈朗为辅政王。颖郡王阿达礼、固山贝子硕讬以谋立多尔衮罪，论斩。范文程被拨入镶黄旗。

公元 1644 年（明崇祯十七年，清顺治元年） 48 岁

正月，李自成建国西安，国号大顺。二月，大顺军渡黄河东征。三月十八日，大顺军攻克北京城，崇祯帝自缢，明朝灭亡。是月底，清军准备出征，急召在汤泉驿养病的范文程返回沈阳，商讨大计。四月初四日，范文程上书摄政王，提出进取中原方略。初九日，多尔衮统大军出发，范文程抱病随行。十三日，行抵辽河，知明亡消息，清军迟疑，范文程上奏，请急进兵，与大顺军决战；复上奏，请严申军纪，实行“德政”，均被采纳。十五日，行至翁后，接吴三桂请兵之信；二十日抵连山驿，再接吴三桂乞援之信，清军遂急进，次日赶到山海关附近，吴三桂剃发降清。范文程入山海关城，安抚军民百姓。二十二日，清军击溃大顺军。吴三桂受封平西王，奉命率军急追大顺军。范文程起草安民告示，沿途发布。二十九日，李自成在北京即皇帝位，次日向西撤退。五月初二日，多尔衮率清军开进北京城。初三日，范文程奏启多尔衮，禁止讦告，获准。初四日，范文程主持为崇祯帝发丧。史载，入关之初，“事无巨细，咸公综理之”。五月，福王朱由崧在南京继位，建南明政权。七月，在范文程参与下，多尔衮发布文告，取消“三饷”加派。八月，福临迁都北京，十月正式登基。农民起义军张献忠部在成都建大西政权。

公元 1645 年（顺治二年） 49 岁

正月，升三等梅勒章京。清军破西安。五月，李自成亡于湖北通山县九宫山。清军灭南京福王政权。十月，范文程奏请破例增开科举，获准。是年，命充《明史》总裁官。

公元 1646 年（顺治三年） 50 岁

四月，主译《洪武宝训》满文本成。八月，因甘肃巡抚黄图安呈请终养事获咎，法司议削范文程职，籍其家产，摄政王多尔衮宥之。是年，充会试总裁。张献忠亡于四川西充。

公元 1647 年（顺治四年） 51 岁

六月，升二等梅勒章京。是年，充分试总裁。

公元 1648 年（顺治五年） 52 岁

正月，谕范文程用珠顶、玉带，以示优崇。

公元 1649 年（顺治六年） 53 岁

正月，命充《太宗文皇帝实录》总裁官。六月，摄政王多尔衮要亲征大同，范文程参与代理朝政。是年，充会试总裁。

公元 1650 年（顺治七年） 54 岁

四月，主译《三国志》满文本成。十二月初九日，摄政王多尔衮病死于喀喇城。

公元 1651 年（顺治八年） 55 岁

正月十二日，福临举行亲政大典。十九日，将内三院衙署移入紫禁城。二月，追论多尔衮罪。闰二月，大学士刚林因阿附多尔衮被处死；范文程因修改实录案被革职留任，九月初四日复职。

公元 1652 年（顺治九年） 56 岁

十月，受命任议政大臣；奏请屯田。十一月初四日，面请福临任用因劾大学士冯铨而被多尔衮罢免诸臣。是月，大学士希福卒。

公元 1653 年（顺治十年） 57 岁

正月，疏请改革用人制度。

公元 1654 年（顺治十一年） 58 岁

八月初三日，奏请免派大臣巡视地方，获准。是月，晋秩少保兼太子太保，范文程上疏谢恩，并恳请休致，九月初一日谕准，加升太傅兼太子太师。

公元 1657 年（顺治十四年） 61 岁

晋爵一级。福临遣画工绘范文程肖像，“藏之内府，不时观览”。

公元 1661 年（顺治十八年） 65 岁

正月，福临卒，玄烨继位，改明年为康熙元年。是年底，清军入缅甸，执桂王，缢杀之，南明政权亡。

公元 1663 年（康熙二年） 67 岁

孙时崇（承谟子）生。

公元 1665 年（康熙四年） 69 岁

大学士宁完我、洪承畴卒。

公元 1666 年（康熙五年） 70 岁

八月初二日，卒于家。赐谥“文肃”。

公元 1667 年（康熙六年）

二月初四日，赐葬怀柔红螺山。